世界たすけの偉大な足跡

――中山正善二代真柱の功績――

飯田照明

養徳社

はじめに

天理教二代真柱中山正善様については、いずれ天理教教会本部から正式の伝記が出版されることと思う。

ご晩年の七年間、謦咳《けいがい》に接しただけの私如きものが、二代真柱様について語るのは分をわきまえない、不遜なことかもしれない。しかし、二代真柱様のことを全く知らない人が教外は勿論、教内でも年々増えていることに一抹の寂しさを感じる。と言って軽々しく二代真柱様について語ることも許されない。

二代真柱様の側近として、お仕えになった先生方は「真柱様の雄大な全貌を的確に把握することは容易ではない。富士山が、見る場所や時間によって全く違って見えるのと同じように、真柱様は人によって様々な捉え方があろう」という意味のことを述べておられる。
（『思い出』　天理教教会本部一九七七年　はしがき）

二代真柱様を理解すると言っても人それぞれの理解があって、一様ではない。

今後は二代真柱様について語られることはますます少なくなっていくであろう。二代真柱様について、一般の信仰者が知ろうとしても入手できる書物は今ではあまり多くないというのが現状である。

何もないに等しい状態のまま放置しておいてよいのだろうか、申し訳ないではないかとの思いから、せめて小生が知っている範囲で二代真柱様の偉大さと、偉業の一端でも書き残したく筆をとった。どうか分をわきまえず、大それた小生の暴挙をお許し下さるようお願いしたい。

二代真柱様は、普通の人間が数百年かかっても出来ない大仕事を六十数年のご生涯で成し遂げられた、歴史上稀に見る天才であり、偉人である。

お出直しの時に、天皇陛下から銀盃を頂かれた。もし文化勲章が立派な成果を成しとげた人だけでなく、そういう人を裏から支援した人にも与えられるとしたら、二代真柱様は文化勲章を幾度も受章されるほどの大きな功績があったと私は思う。

飯田照明

目次

第二部　二代真柱様海外ご巡教随行記

(四) 第四回随行とコンゴ診療所での体験

第三部　大戦時代の危機

第四部　天理図書館を通して知る二代真柱様

第五部　天理スポーツと二代真柱様

追記

参考

［注］本書では、「二代真柱様」「真柱様」「二代様」など、いくつかの称呼を用いているが、全て「天理教二代真柱中山正善様」のことである。筆の勢いにまかせ書き綴ったもので、この点、ご諒承願いたい。

表紙カバー・横田種生

世界たすけの偉大な足跡

――中山正善二代真柱の功績――

第一部　二代真柱様の偉大なる功績と業績

（一）著名人の証言

高山布教

二代真柱様がご生涯を通してご尽力下された偉業の一つは、高山布教である。それは決して権力者や金持ちなど上層階級への布教という意味ではない。その本当の目的は、社会的影響力をもつ人たちに、世間に広く流布されている本教に対する誤解や偏見を取り除き、正しい姿や教えやその卓越性を理解してもらうことで、布教師が布教しやすいようにしてやりたいという親心からである。そのために各界の有力者や要人たちと交友を深められた。ご生涯を通して、それこそ数え切れないくらい多くの国内、国外の人たちと親交を重ねられた。

また、自ら社会の各分野で積極的に活躍されたことは衆知の話である。

二代真柱様が理事としてご活躍になった学会名をあげると、宗教学宗教史学会、日本オリエント学会、考古学会、民族学会、朝鮮学会、人類学会、社会学会、日本道教学会、アフリカ学会、日本近世文学会などである。この他にも小生が知らないものもあるはずであり、全てを列挙出来ない無知無力を恥じたい。

また、柔道、水泳、スキー、ラグビーなどスポーツ関係団体の会長や理事を数多く務められ、日本だけでなく、世界のスポーツの振興と発展の上に多大なる貢献をされた。二代真柱様とスポーツについては第五部で述べることにしたい。

学術文化の発展と振興へのご貢献──三笠宮殿下の賛辞

日本オリエント学会への大きな貢献については、三笠宮崇仁殿下がしばしば言及され、感謝の意を表されている。
たとえば「ムック天理」創刊号で、
中山正善氏はまたわが国学術の発達のために、筆舌に尽くせない協力をあたえてくださった。（中略）
前真柱は東京大学宗教学科の出身であり、宗教学者との交わりはきわめて深く、宗教学会が、そして世界の宗教学者たちが前真柱に負うところがいかに大きかったか、この限られた紙面では尽くし得べくもない。昭和二十九年、私たち中近東の研究者たちが日本オリエント学会を創立したさい、中山正善氏は理事に選挙され、またみずから維持会員となられ、昭和四十二年に出直されるまで、文字どおり十年一日のごとく学会のために尽力されたのである。

（『天理―心のまほろば―心の本』　天理教よのもと会　一九七七年五月　34頁）

とお書き下されている。

さらに、平成十三年八月十八日に、ＮＨＫの番組（教育テレビ）、「日本における古代オリエント文明史」という講演の中で、「二代真柱中山正善氏の日本オリエント学会の発展にたいするご尽力は測り知れない」と、その功績を称えておられる。

〈閑　話〉

三笠宮殿下はおぢばに二十数回ご来訪下さっている。そして一九六〇年（昭和三十五年）から隔年、天理大学宗教学科の三回生、四回生と教校本科の学生に古代オリエント宗教史の集中講義をして下さった。

最初の頃は二代真柱様も研究室のスタッフや学生らと一緒に聴講された。私事で申し訳ないが、小生も毎回聴講させて頂き、大いに学恩を感じている。また殿下のおぢば滞在中、宗教学科のスタッフと共にたびたび夕食の陪食《ばいしょく》を賜る栄に浴すことが出来、大変貴重な知識を学習させて頂いた。

ついでながら、三笠宮殿下は戦後、東京大学で古代オリエントや聖書考古学を学ばれた。

その動機は戦争中、中国の奥深くまでキリスト教が伝道活動を行っているのを見られ、そこから聖書に関心を持たれた。それが聖書考古学、そして古代オリエント研究に繋がったと聞く。

薬師寺長老橋本凝胤師の賛辞

橋本凝胤師は次のように真柱様を称えておられる。

こうして中山さんは多くの学究者を助け、学問を尊重し、特に東洋学、考古学、大和文化等には特別の関心を持たれ、図書館の充実とか文化財の蒐集等、世界的に蒐集されている事でも知れるが、その学会等に貢献された事は特筆大書するところである。

（『みちのとも』二代真柱追悼号　昭和四十三年二月号　151頁）

橋本師は二代真柱様の要請を受け、天理教校本科で講義をして下さった。

その後を継がれた高田好胤師も、次のように二代真柱様を称えておられる。

中山正善というお方、このお方は文化的、体育的な面においてそのご活躍ぶりは世界的といってもいいだろうけれど、とにかく多方面に亘って人の世話をされると同時に、その向上に尽くされた大変スケールの大きいお方であったことが今更ながら懐かしく思い起されるのである……

（『わが心の教祖』　天理教よのもと会　昭和五十一年一月　65頁）

保田與重郎氏の賛辞

文芸評論家として著名な保田與重郎氏は、二代真柱様の業績を次のように追悼文の中で称えておられる。長い引用となることをお許し願う。

以前私は、近世日本の教界で、蓮如が、真柱に比較される人かと思ったことがあったが、文化的な事績という点では、蓮如には何もない。又蓮如は無法者の暴力を集め闘争を手段として勢力を拡めたが、真柱にはそういう気配は少しもなく、ただ文明とスポーツを以て、蓮如のなし得なかったものを、教団の内外に及ぼした。教団外の一般に及ぼした文明文化上の功績に於いて、近代桁はずれの大なる存在である。簡単に図書館と参考館の二つをとっても、これは一国の力を以てなしうるものではない。（中略）真柱の人柄に発露して、わが国の文明と文化に及ぼした事蹟は、近世に於いて比類がないほどである。それをなした、その人柄の大きさを考えると、想像を絶するものがある。近くで接した人々は、何ともなく、情の深い、心の大きい人と簡単に思っているだろうが、ここ数百年の日本人の歴史の中で、何人と数えるばかりの大人物の一人だったのだ。彼が「真柱」という地位に生れたのは、決して本人の幸福でなく、日本の幸福だったと私は思う。

教団内部の指導者という面でも、もれきくところだけでも、一代の英雄というにふさわしい事業を敢行されている。

参考館の構想は、有史以来唯一、世界に初めてのものだ。しかも成果は立派で無双に尊く、その思いの有難さは、千字や二千字の文章でいえることではない。所謂博物館美術館と全然別箇に尊いのは、その本質と発想がちがっているからだ。（中略）その時、その思想に私は真に敬服し、又うれしく思った。歴史上の宗教思想というものの上から考えても、それは大きい光である。（中略）教界の英雄としての評価はしばらくおき、その文化上の功績に於いて、明治以降の三代の世代の時代にも第一級の人物だった。昨今に於いてはただ一人の人だった。何といっても、惜しい、国の大損害だ。

（『みちのとも』二代真柱追悼号　前掲書　180―181頁）

京都大学元総長平澤興先生の追悼文

京都大学元総長平澤興先生の追悼文は、じつに正確に二代真柱様の本質をとらえておられる。

前真柱様は決してなくなってはおられない。私の心の中には、いや前真柱様をお知り申しているすべての人々の心の中には永久になくなられるお方ではない。どういう言葉を以てしても、とても前真柱様の印象をそのものずばりと語ることは不可能である。普通の言葉ではその一部を表わすことはできても、とても前真柱様の印象全体をそのものずばりとは表現できない。前真柱様こそは、文字通り人間の姿で生きられた神で、私にとって、これほど近くて、しかもこれほど遠い存在はない。近いというのは、人間としての具体的のお姿で、ある時は病床にお見舞を戴いてやさしいお言葉を賜わり、ある時はお招きを戴いて、これほどあたたかい人があろうかと思われるほどのおもてなしを受けた。

遠いというのは、いわば生き神様としてのお姿であって、表面的には世にありふれた人間のお姿で、とてもただの人間としては持ち得ないようなこと、考え得られないようなことを淡々とこともなげにお話しになったりもした。こういう経験は恐らく前真柱様にお仕えしたすべての人々が、大なり、必ずお持ちのことと思われるが、そういうことは決して考えて出来るものではなく、神としての天真爛漫さから、おのずから迸《ほとばし》り出たものであろう。

しかし、そういう意味では、一面前真柱様は近づけば近づくほど遠くなられたとも言えよう。目の前に一緒に話し、一緒に飲んでいる前真柱様はだきつきたいほどの魅力と身近さを感ずるのだが、それがただそれだけのものではなく、他の一面には言葉を超えた超人的の深さと味とがあり、それがまた妙なもので、いやな人間臭がないだけにますます大きな魅力となるのである。

（中略）

生き神様などという言葉には、とかく何か変なくさみがあるが、前真柱様には決してそういうものはなかった。しかし、群峯をぬいて高く、広く、人世を見、人間を導かれた。前真柱様のやられることには、中々常人では分からぬようなことも少なくはなかった。あやしい人間、問題の人間ということを百も承知の上でこれを採用されたり、事をまかされたりするようなことも、しばしばあったようであるが、これは神としての高さでなければ出来ないことで、そこに信仰者としての前真柱様があるのであり、生き神様としてのお姿があるのである。

こういうところは普通人から見ると、不可解の部面で、むしろ非常識とも見えるのであるが、こういう非常識は平面的な非常識、ひとえの非常識ではなく、真に偉大な信仰生活には必ずつきまとうもので、実はかくてこそ真の信仰生活は常識的な道徳的生活などと異なり、次元の高いものとなるのである。

たしかに私には、前真柱様ほど身近で、しかもこれほど遠い存在はない。これほど気がるにお話しも出来、おいしくお酒ものめて、しかも近づけば近づくほど、ますます遠くなる存在はない。たしかに、前真柱様の一部は私にも分かり、また前真柱様は決して自分の側から己をかくすとか、お飾りになるとかいうようなことは、みじんもなかった。こんなに私自身としても親しさを感じて、それでいて近づくほどいよいよ遠く見えたのは一体何のためだろうか。それは、恐らく私のような凡人には永久にわからぬであろう。自らそういうものを持たねば分からぬような超凡的なものが、たしかに前真柱様にはあったし、しかもその超凡的なものは長い歳月に亙る全天理教主宰の苦労によっていよいよ磨きをかけられた。

「群盲象を撫でる」という言葉があるが、前真柱様についてわれわれが語れば、とかくそういうことになろう。前真柱様はわれわれにとって、あまりに高く、あまりに深く、あまりに変化に富んだ、掴み難い存在である。前真柱様は天理教中興の祖などと申すよりは、本当の意味ではむしろ天理教地がための祖とでも申すべきではなかろうか。

近くて遠いもの、遠くて近いもの、平凡で非凡のもの、非凡で平凡なものの人であって神、神であって人たる前真柱様の全貌を明らかにすることは、けだし容易ではなかろうが、これはただ天理教にとって大切であるばかりではなく、全日本の信仰生活

にとっても、重要なことである。（『みちのとも』二代真柱追悼号　前掲書　186―187頁）

ちなみに平澤興先生は、天理よろづ相談所病院（通称憩の家）創立の時に大変ご助力下さった。

学者・研究者への援助

実に多くの学者や研究者が、二代真柱様の援助をうけた。研究に必要な図書や資料、また国内外での調査研究費の援助を乞うため、ひっきりなしに多くの人が真柱様のお宅を訪ねて来た。

真柱室長をしておられた上田嘉成先生の話では、こんな人がなぜと思われる人まで次から次へとお玄関へ訪ねてこられたとか。

少し長くなるが、上田嘉成先生の思い出を紹介する。

それから、いろんな人が、いろいろのことを言うては、無心に来る。

教外の大学の助教授や講師とか、我々が一寸考えると、無心なぞ言いそうにない人でも、無心に来た。我々だったら、ああ言うが、半分に値切ろうか、出来れば断るのが一番よい、と考えるところであるが、真柱様は、全然そんなことは無かった。

二十五万円下さい、と言う者には、二十五万。十万円下さい、と言う者には、十万円。一つも値切らずに、この人間にやったら、後で役に立つとか、立たんとか、そんな事は一切考えずに、もっとも御自分では、人を見る目が、おありだったから、選別しておられたのかも知れないが、少なくとも、私に分かる範囲では、全く無差別平等に、どんどんお与えになった。

私は、初めのうちは、何んだ、勿体ない話だなあ。もっと有効に使う方法もありそうなものを、と思って見ていたが、後になって、考えてみると、教祖が、米泥棒や怠け者に施されたのと同じお心持ちだなあ、ということが、薄っすらと分かって来た。そうして、日本人に対しても、外人に対しても、一寸も区別はなかった。

世界一列可愛いい我が子、と仰せられた教祖のお心を、そのままに引き継いでおられたから、としか解釈の仕様がない。

(『思い出』 前掲書 488頁)

東京神田の老舗の古書店主酒井宇吉氏は、ある時私に向かってこうおっしゃった。「二代真柱様は、戦後の一時、文部省に代わって学術研究に援助をなさいました」と。

戦中、戦後は、学術研究者にとって経済的に極めて困難な時代であった。海外から学術書を買うのが至難の時代であった。この時代、二代真柱様は数えきれないほど多くの学者や研究者を援助された。海外へご巡教される時は研究者の方々に、欲しい本のリストを出させ、それらを自ら書店を訪ねて探された。

二代真柱様がお出直しになった後も、たくさんの学者や研究者が、その面影を慕い、お墓地に参拝に来られた。例えば中国古典学の権威、吉川幸次郎京都大学教授もその一人である。また三笠宮崇仁殿下の学問上の師であった。東京教育大学（現筑波大学）の杉勇先生も、しばしば天理を訪ねてこられた。これら諸先生のご来訪は先生方がお亡くなりになる直前まで続いた。

天理図書館では所蔵している貴重書を、広く多くの研究者に利用して頂くため、複製出版を計画した。東京の八木書店が発行した『天理図書館善本叢書』である。この時、二代真柱様へご恩返しをしたいと、国文学の権威、京都大学の元教授野間光辰先生や禅寺の住職で元京都大学教授の入矢義高先生ら多くの方々が、書籍の選択や解説などに、ご尽力下さった。ご尊名を全部あげないが、実に多くの先生方がこの出版事業に協力して下さった。

二代真柱様が、戦後の貧しい中、どれだけ学術文化向上のためにご尽力下されたか、それを知り得るエピソードの一つを紹介する。

筑波大学の井門富二夫先生が文化庁に籍を置いておられた時のことである。二代真柱様お出直しの一報が文化庁に届いた。するとその時、その部屋にいた全員がワーという声を出して総立ちになったとか。これは小生が井門富二夫教授から直接お聞きしたことである。二代真柱様が戦後の困難な時代に、学術文化にどれだけ大きな貢献をされていたかが、この事から窺える。

古野清人先生が、二代真柱様の十年祭に寄せられた追悼文を紹介する。

二代真柱は卓越した宗教指導者であった。その生涯にお道の教勢を大いに伸展した。おぢばには数多くの殿堂が構築された。壮大で内容の充実した病院も建設された。

彼はまた若くから図書文献の蒐集に比類なき関心を寄せ世界的天理図書館を完成した。それとともに東西の物質文化の跡を探究してすぐれた史料館、博物館を創設した。日本のスポーツ界に協力した貢献も大きい。自らも高段者であった柔道界はいうまでもなく、水泳界などにも助力した。

その大ヒューマニスト真柱の十年祭を迎えるにあたって、わたしのこの親友に対する愛慕の情は更に深いものがある。

（『思い出』前掲書 1271頁）

古野清人先生は二代真柱様の求めに応じて、戦後改名した天理語学専門学校の校長を務めて下さった。その後九州大学教授、東京都立大学教授、駒沢大学教授を歴任された。日本学士員会員でもあられた。

国際親善に貢献

二代真柱様は、世界各国に各分野の著名な友人、知人をお持ちであり、それらの方々との交流は、戦争によって一時期中断したが、戦後は再び緊密な交流をなされた。殆ど毎日のように海外から真柱様を訪ねて来る人があった。

佐藤栄作元首相は、お出直しの弔辞で、二代様は国際親善に尽されたと称えておられる。フランスの有名な実存哲学者、ガブリエル・マルセルも、イギリスの有名な文明史家、アーノルド・トインビーも、アメリカの有名な神学者でハーバード大学教授パウル・ティリッヒ博士も、二代様に会いに来ておられる。この他にも多くの海外の著名人や宗教家や学者がおぢばを訪ね真柱様とお会いになっている。

激務でお疲れの時や腰を痛めて歩けない時など、本を運ぶ押し車に乗って応接間に来られた。疲れ果てておられたり、お身体の調子が悪くても、わざわざ遠くから来て下さった方々をもてなしたいと、自分の健康を無視してご接待された。ふと真柱様の方を見ると、お話の最中にこっくりと居眠りしておられることが時折あった。

代りの者に面会させられず、自らを顧みず、おぢばへ帰ってきた人を喜ばさずには帰さないという教祖の御教えを自らを以て実践しておられた。

国際学会での研究発表

二代真柱様は、自らも国内外のいろいろな学術学会に出席され、研究発表をなされている。

以下年代別にたどると、
最初は、昭和八年（一九三三年）アメリカ、シカゴで開かれた、世界宗教大会で講演された。『アメリカ百日記』の中に詳しい報告がある。

昭和二十九年（一九五四年）八月二十六日、イギリス、ケンブリッジ大学で行われた第二十三回国際東洋学会極東部会で、「天理教教義に於ける神の概念」というテーマで研究発表された。

昭和三十一年（一九五六年）第十一回日本人類学会民族学協会連合大会で「おふでさきに現われた農耕語彙」というテーマで研究発表された。

昭和三十二年（一九五七年）ドイツ・ミュンヘンで開催された第二十四回国際東洋学会で、二代真柱の論文（英文）「天理教の教理について」を、同会委員長ミルス・ロンドン大学教授が代読する。

昭和三十三年（一九五八年）、東京にて開催の第九回国際宗教学宗教史会議では「おふでさきに現われた天理教祖の伝道精神」というテーマで講演された。

昭和三十五年（一九六〇年）ソ連のモスクワ大学で行われた国際東洋学会議では「天理教にあっての女性の立場に就て」というテーマの研究発表を木崎國嘉博士が代読された。

同年、ドイツのマールブルク大学で行われた第十回国際宗教学宗教史会議で「天理教教義における言語的展開の諸相」というテーマの研究発表をされた（筆者はこのご発表を聞く機会に恵まれた）。

時代の先駆者

二代真柱様の三十年祭の祭文には、「常に教祖のお心を心としてお通り下され、事に当たっては鋭い洞察力をもって、よくものの本質を見極め、遠く将来を見通して適切な御指導を下さると共に」とある。

つまり、常に遠く将来を見通して、時代に先駆け、先見性をもって偉大な業績を成しとげられたのであった。

お出直しの翌年から、私の教え子達が、自発的に海外伝道同志会を結成した。そして毎年お出直しの十一月十四日に集り、墓前で礼拝式を行った。同志会の一人曽山俊氏はロシア布教を始めたが、オウム事件後は入国出来なくなったので、隣のウクライナでおたすけ活動を行っている。

私達夫婦も、結婚させて頂いた恩義を忘れず、毎年十一月十四日にはお墓地でお礼を申し上げている。

世界宗教を目ざされた

昭和四十二年十月二十九日の「天理教少年会第一回団長講習会におけるお話」の中で、二代真柱様は次のように訓示されている。

(僅か立教百三十年の歴史である天理教が何千年もの)歴史を有する仏教や、二千年の歴史を有するキリスト教と立ち向かう時に、それらのものとだけに比較したところで、年限の理の上から言うならば、足りない点が多いのであります。短いのであります。短ければ短いだけ、努力は多くしなければ追っつかないということになるのでありま す。

(『真柱訓話集』第27巻)

このお話で注目すべきことは、二代真柱様は、古くから日本にある神道や、本教と同じ頃生まれた、大本教、金光教、黒住教などの新宗教と言われるものを全く相手にせず、対決すべき相手として、何千年の歴史をもつ世界の大宗教である仏教とキリスト教を立ち向かう相手とされているところである。その他の宗教は二代真柱様にとっては相手にするに価しない。本教こそがそれらの世界宗教に取って代わるべき世界宗教であるとお考えになったからである。事実、本教はだめの教え(究極の最後の仕上げの教え)であり、全世界の人々を救ける使命があるからである。

〈閑　話〉

この二代真柱様の思召を、私達の先人先輩は心に刻みこんでおられた。

例えば、河原町大教会四代会長で天理図書館長もされた深谷徳郎先生は、天理教青年会の第三回講習会で「天理教の社会的地位」という講演をされ、その中で、〈基仏（キリスト教と仏教―筆者註）二教と天理教との根本的教理の比較〉という主旨のお話をされている。

（『第三回講習会講義録』天理教青年会　大正十年十月）

さらに、『天理教綱要』（立教九十三年　昭和五年版）では、「天理教は神道十三派の中に入れられているが、神道ではない」（7頁）とし、同七年版以後は、仏教、基督教（キリスト教）、回教（イスラーム）と比較し、だめの教えであることを論じている。ちなみに『天理教綱要』は昭和四年から昭和十年まで出版され、天理教校でテキストとして使われていたものである。残念ながら、戦時体制が始まった昭和十一年から出版出来なくなった。

二代真柱様は申すまでもなく、お道の先人先学は、本教を世界三大宗教と比較し、本教がだめの教えであることを明らかにしようとされた。その高い見識と志を学びたい。

ちなみに、金子圭助、元天理大学助教授は、二代真柱様のご業績を七つ挙げている。

一　教義の確立。原典公刊と復元教義書編纂刊行。研究
二　つとめの復元と勤修
三　神殿並びにやかた普請など、おやさとの整備拡張
四　国内海外への布教伝道、伝道態勢の整備
五　学術文化、福祉医療など諸施設の創設
六　人材育成。教育施設及び扶育制度の創設
七　文化、体育の振興など

（『ビブリア』108号　154頁）

測りきれない巨大すぎる二代真柱様のご業績をよくまとめておられる。

（二）原典学の確立と教学の基礎を構築

二代真柱様について学生に語り続けた四十八年

二代真柱様が六十余年の生涯になされた業績は果てしなく大きい。凡人が数百年かけても出来ない大仕事を一代で達成された。

二代真柱様が達成された偉大な業績の全てを語ることは不可能である。あまりにも活動

の範囲が多岐にわたり、その一つ一つを述べるだけでも数千頁の本が何冊も出来るであろう。

二代真柱様の業績を余すことなく書き記す、その不可能とも言える大仕事に挑戦することは軽率のそしりをまぬがれない。しかし、その偉大な業績を明かさず世に知らさないことも許されない。それは世界の文化文明のためにも甚大な損失となる。私は偉大な宗教家でありつつ大学者であられ、文化の進歩向上、スポーツの進歩向上、その他多くの分野で二代真柱様が成しとげられた偉大な業績のせめて一端でも知ってもらいたいと思っている。

小生はおこがましくも毎年お出直しになった十一月十四日前後の一時限（90分）を利用して、二代真柱様の偉大なご功績やご業績について、天理大学宗教学科の学生と天理教校本科の学生に話してきた。大学を定年になった後も、天理教校本科研究課程の学生に平成二十七年まで話してきた。延べ四十八年間、二代真柱様を偲び、称え、感謝する授業を続けさせて頂いた。有難いことである。

原典学と教学の確立

平野知一先生は、真柱様が終生、心血を注いで丹精されたのは三原典の公刊を始め、教義体系の確立であったと述べておられる。

（『ビブリア』108号　10頁）

永尾廣海先生がある時二代真柱様にお尋ねになった。

「いままで、一番嬉しかったことは何ですか」と。

すると二代真柱様は、「おふでさきを公刊したことや」と言われた。

次に、「一番残念に思われたことは何ですか」とお伺いされると、

「昭和の革新をやらねばならなかったことや」と言われたとか。

二代真柱様は、教祖四十年祭（大正十五年）後に、『おふでさき』（昭和三年）『おさしづ』（昭和二―六年）を公刊し、各教会へ下附された。

ところが、昭和十三年にいわゆる革新という迫害と統制を受ける。そのため、各教会へ下附された原典を昭和十四年に回収し、焼却させられた。

その上、元の理、泥海古記の教えは説かないこと、そしておつとめの一部を勤めることも禁止された。

この小さな島国が、昭和十六年から全世界を相手に三年八カ月間、戦争するという異常で危険な時代があった。中山為信先生は、下手すると、『おさしづ』も禁じられるかもしれない。もしそうなったら、文字のない古代に行われたように、語り部として『おさしづ』も全部暗記せねばならないかと心配された。

以下は、二代真柱様の還暦のお祝いの席上で私が聞いたことである。

当時の表統領、諸井慶五郎先生が、二代真柱様の成しとげられた偉大なご功績やご業績を次々と称えられた。

それに対し、二代真柱様はこうおっしゃった。

「諸井さんが、色々と私のしたことを、誉め称えてくださったが、私が骨身をけずって努力してきたことが抜けている。それはおふでさきを世に出すことで、これが私の終生の念願であった」と。

二代真柱様は東京帝国大学の学生の頃から、『おふでさき』の研究を始めておられた。

各年祭祭文から見える功績

二代真柱様の偉大なご功績やご業績を正確にお教え下さっているのが、各年祭の祭文である。昭和六十二年十一月の二十年祭の祭文を掲げる。

「霊様には幼くして真柱の理を承け継がれ、御生涯を通じて幾多苦難の道すがらも神一条に大きく御教の礎を弥固めにお固め下さいましたが、わけて教義の確立に心血を注がれ、御教を伝える正しき道の路線をお拓き下さいました。又、親里の上には昭和ふしんを始めおやさとやかたふしん等、教祖の御理想《みおもい》に近づく親里づくりに不断の努力を積み重ねられると共に、国々所々の教会名称の修理肥に、よふぼく達の育成に、常に御心を砕いて根気よく御丹精下され、お育て下されたばかりでなく、御自ら遠く海外の地に広く神名をお流し下さる等、時に臨み旬に応じて、力強く一れつたすけの道の足取りをお進め下さいました」

二代真柱様の教内におけるご業績が、的確かつ完全に表明されている。

ついでながら、二代真柱様五年祭時の祭文も紹介する。

「生の涯り神一条の道の復元に巨き歩みを進めて　揺ぎなき道の礎を弥固くお築き下さいますと共に（略）更には昭和ふしんを始めおやさとやかたのふしん等　年を重ねての親里づくりに　或は又　国々処々の名称の修理肥に　常にみ心をお砕き下され　出でゝは遠く海外へ神名をお流し下さる等　時に臨み　旬に応じて力強く世界たすけの大道を弥進めにお進め下さいました……」

二つの祭文には、二代様の先見性、お人柄、実行力、決断力などと共に、教義の確立の上で果たされた比類なき偉大なご功績やご業績を称えられている。

二代真柱様の最大の功績は、本教教義の永遠、不変でかつ確固たる基礎を構築して下さったことである。

第二次世界大戦中も当局の目をのがれ、こつこつとおふでさきの研究を続けられた。教祖がお書き下された文字を一字一字丹念に厳密に精査、検討され、『おふでさき用字考』

（『復元』40・41号に収録）という二冊で一三六四頁もの大冊を完成して下さった。これは、政府当局に没収され、廃棄される危険をかいくぐってのご労作である。この本によって、他宗によくある偽書や偽典が出ないことになった。その他『おふでさきに現れた親心』（二三五頁）や、『「神」、「月日」、及び「をや」について』など、本教教義の根本であり基本であるおふでさき研究を生涯続けられた。こうして本教の教義の基礎を永遠に不変で確固たるものにして下さった。

『続ひとことはなし』の中でも、おふでさきについて詳しく解説をして下さっている。

改めて強調したいことは、二代真柱様は、昭和四十一年四月二十三日の還暦祝宴の会場で、おふでさきの研究に一番骨折った、生命を縮めたと申されている。先にも述べたが、私はノソンガ氏の通訳として、この二代真柱様のお言葉を直かに拝聴することが出来た。「生命を縮めた」とはおふでさきが没収されたり、廃棄される危険があった中で、死に物狂いでお守り下されたということである。しかも、そのおふでさきを徹底的に学術的に精査研究し、完全な形で公刊下されたのである。

『おふでさき』は言うまでもなく、原典中の原典である。教祖が御自ら筆をとってお書き下さった親神様のお言葉、すなわち啓示書である。元の神・実の神の直々の思召の文言であり、その貴さは他に比類がない。親神様のやしろであられる教祖、地上の月日の直接の言語表現であり、全世界のどこにもない稀有の啓示書である。

おふでさき研究書と論文一覧

二代真柱様のおふでさきに関する研究書を列挙すると、
・『神』、『月日』、及び『をや』について（昭和十年）
・おふでさき用字考（昭和十二年）
・外冊おふでさきの研究（天理教道友社　昭和四十二年）
・おふでさきに現れた親心（天理教道友社　昭和三十年）
・おふでさき書誌について（『ビブリア』6号　昭和三十一年）
・おふでさきに現れた天理教祖の伝道精神（『みちのとも』昭和三十三年十月号）
・天理教教義における言語的展開の諸形態（『みちのとも』昭和三十五年年十一月号）
・紀陽版おふでさきの研究（『ビブリア』23号　昭和三十七年）
・おふでさき概説（天理教道友社　昭和四十年）
・おふでさきの書誌について（『天理教校論叢』第九号　昭和四十三年）
その他

『ひとことはなし』の重要性

『ひとことはなし』は、（一）に続いて「その二」、「その三」、「続」、「続その二」と合わせて五冊出ている。簡単にその内容を紹介する。

『ひとことはなし』（一）には、小寒様や秀司様や初代真柱様、飯降伊蔵など、教祖のお傍に仕えられた多くの方についての物語が述べられている。

『その二』は（二）で取り上げられなかった方々のことや、教祖の御葬儀のこと、また甘露台石造の顚末《てんまつ》などについて書かれている。

『その三』には、おつとめの呼称、目的、要素、お道具などが述べられている。

『続』には、教祖の称名、教語解説、そしておふでさきについて実に詳しく分析されている。

『続その二』には、みかぐらうた、つとめ、ぢば、親神について述べられている。

このように、『ひとことはなし』には、教祖やそのご家族、本席さまや高弟の方々のことだけでなく、おつとめやおふでさきについて、極めて厳密に実証的な研究がなされており、大変貴重な文献である。

『ひとことはなし』に述べられなかったことは、教祖八十年祭時に出版された『道具衆』という本に記された。

これら二代様の本は、教祖、ご本席、教学や初期の教史を学ぶ上で、必要不可欠な文献資料である。

復元教典の完成

昭和二十年八月十五日、大日本帝国は敗戦し、本教は立教以来はじめて思想信条の自由を手にした。

二代真柱様は終戦のその日に、中山慶一先生に対し「復元や」と命じられた。そしてわずか四年後の昭和二十四年十月二十六日、教祖の御教えに基づく『天理教教典』（以後「教典」）を完成された（明治期編纂の教典と区別するため「新教典」もしくは「復元教典」とも言う）。

教典編纂委員の一人であった深谷忠政先生は、編纂の様子をご自身の著書で次のように述べておられる。少し長いがそのまま引用する。

教典の編纂に注がれた前真柱様の思召は言い知れぬ深いものであった。

会議の期間は主として学校が夏休みにはいる時期であった。というのは関係者が学校に関係していたからである。朝づとめ直後より御玄関の奥の日本間で、朝食抜きで昼食まで、時には午後に及んだ。

全員の賛成がない時は何時間、否、何日でも得心の行くまで討議された。前真柱様はじっと聞いておられ、最後に断を下され、前御分家様がとりまとめ役をされた。若い自分達は遠慮気兼なく討論し、あまり自説を固執するので、ついに〝お道をやめてしまえ〟といってお叱りを受けたことさえあった。それだけに真剣で、当時集成部の責任を持っておられた山沢為次先生の御心労は並大抵でなく、このために御寿命を縮められたのではないかと思う。また、最年少の俊秀諸井慶徳君も精魂を傾けつくして早世したのではなかろうか。

「学問的良心」という言葉があるが、前真柱様はそれを体現していられる方であった。一言一句、実に慎重で、ある時「事情働き」という言葉を不用意に漏らしたところ、〝そういう言葉は原典の何処にあるのか。一般に使われているからといって、原典にない言葉を使うことはいかん。お前たちが使うと教語のように受けとられるおそれがある〟

と言って大変叱られたことがあった。また、

〝対象を考えて力を抜いて物を書くな。本当の事を力一杯書け。どんな人が見ているかわからん。〟

とご注意頂いたことがあった。

天理教教典は信仰に筋金を通し、また天理教教義学の確立への土台をおいて下さったものと思う。

教典編纂にこめられた前真柱様のお心を偲び、更に力強く一歩前進し、教義学確立への努力をお誓いいたし、謹んでご生前の親心にお応え申し上げることを念ずる次第である。

（『天理教教典講義』天理教道友社　昭和四十二年四月　217—219頁）

深谷先生は、また別の本で、教典編纂のとき、「第一章など二十六回くらい書き直していると思います」と言っておられる。

（「おさしづと『元の理』」〈『「元の理」と原典』天理やまと文化会議　一九九七年四月〉56頁）

本教は一派独立するため、十年もの長い間、政府当局と交渉を続けた。四度も申請をしたが、その都度取り下げざるを得なかった。同じ頃申請した金光教はわずか一年で認可されているのである。

認可を得るため止むなく、神道学者の手をかり、神道色の強い教典（通称「明治教典」）を編纂せざるをえなかった。しかし信者たちはひそかに三原典と、元初まりのお話（通称「泥海古記」）を信仰の拠り所とした。

二代真柱様が目ざされた復元とは、原典の教え、すなわち教祖の御教え通りの教えを信奉することである。本教は元の神、実の神である親神天理王命様が教祖をやしろとしてこの世に顕現下され、教祖のお口を通してその思召を明らかにして下さった啓示宗教である。このことを二代真柱様が明確にして下さったことを忘れてはならない。

『復元教典』第一章の冒頭に、「我は元の神・実の神である。この屋敷にいんねんあり。このたび、世界一れつをたすけるために天降つた。みきを神のやしろに貰い受けたい」と表明されているように、復元教典は、本教が親神天理王命様の啓示の教え、すなわち啓示宗教であることを強調されている。

啓示とは奇蹟中の奇蹟である。永遠、不変、超越、絶対の神が、この世のある人に、ある時に、ある場所に顕現するという前代未聞の大事件である。

〈閑　話〉

私が身近に拝見したことを紹介する。

二代真柱様は、何ごとについても徹底的にあらゆる視点や角度や方向からとことん探究された。たとえば応接室でご来客とお話の最中、あることが問題になると、すぐに応接間に置いてある大辞典を調べさせられる。それでもはっきりしないと、図書館に電話して調べさせられる。それでもはっきりしない時は、今後の研究課題として残された。一〇〇%確実でないものはすべて将来の課題として保留されることが常であった。早急に結論を出すことを厳しく戒められた。

また外国からの来客と英語でお話し中、問題が教義の問題となると、英語での発言を止め、通訳に任されるのが常であった。十分ご説明出来る語学力をお持ちであったが、万が一間違った英語で教えをゆがめてはいけないとの慎重なご姿勢を貫かれた。

教祖誕生祭の日、参拝者は皆「空に五彩の雲たなびきし」という歌を合唱する。しかし『稿本天理教教祖伝』には、五彩の雲のことは出てこない。ご生誕の日には村人の誰かが見たかもしれない。或いは虹が三昧田のご生家に棚引いたかもしれない。しかしそういう現象が現実にあったかどうかは証明できない。従って「稿本」では保留にされた。一〇〇%確実に実証されないことは全て保留にされた。

なお、山澤昭造氏は「『天理教教典』の編纂に関する覚書」という論考で、昭和二十一年から始められ、昭和二十四年十月に完成した教典編纂の経緯を詳細に論じている。教典編纂の経緯を知る上で参考になる。

(『天理教校論叢』第41号　天理教校本科研究室編　平成二十三年七月に所収)

若い研究者とも真剣に討論された

天理大学名誉教授だった中島秀夫先生は、「身にしみる教訓」というテーマで次のように書いておられる。長いが引用する。

　ある時、「おふでさき」に関して、若干の私見を添えて質問させていただいたことがあった。これに対しては、ていねいにお答えくださった。そのあと、次のようなお諭しをいただいたのである。

「教学の研究をやるんだったら、あくまでも謙虚に、純粋に親神様、教祖の思召を求めてやりなさい。その結果が、あるいは集成部と意見の合わないところが出てくるかもしれない。仮にそうであったとしても、無条件に、素直に思召を求めた結果であったならば、それを、謙虚に、きちんと申し述べたらよい。もし、わしの考えと違うところがあったら、お前を呼び付けるだろう。そんな時、あいまいに妥協しないで、研究者としての謙虚さと信念をもって、自分の考えを披瀝しなさい」

（中略）

　そんなある日のことである。私が質問させていただいた問題に対してお答えくださっていた途中で、一つの教理論をめぐり、二代真柱様のご意見と、私の申し上げることとの間に、多少一致しないところが出てきた。

　曖昧なままにしておくことが、お嫌いであるから、成り行き上、討論のような形になってしまった。それが次第に熱くなって、私はたいへん戸惑ったが、後へ引くこともできなくて、おおげさに言えば、激論は一時間ほども続いたであろうか。（この時二代真柱様は鼻血を出されたと中島先生から聞いた—筆者—）

たまたま約束されていたお客さんが、お越しになったために、討論は中断されたが、その時、

「お前の考えは、分家（中山為信先生のこと）が言うのと同じだ。あれとの議論には、まだ話の決着はついておらん」

とおっしゃって席をお立ちになった。おろかにも、私はそのお客さんを救いの神のように感じたものである。（中略）

（その一カ月ほど後に中島先生の所属大教会で）

「今日は中島がきておるはずだ。ここへ呼んでこい」

とおっしゃっていることが伝えられた。一瞬「これは、まいったなあ」と思ったが、急いで伺ったところ、ご機嫌良くしておられて、

「この間の議論は、たいへん愉快だった。どうだ、ここでもう一度、あの続きをやるか」

と、笑いながらおっしゃった。（中略）

しかし、同時に私はその時、若い研究者を育てようとされている真柱様の大きな親

心に、すっぽりと包まれたような、豊かな気持ちになったことを記憶している。また、駆け出しの研究者に、ご自身も研究者の位置に立たれて、本気で対応してくださったことを、今さらのように知って感激した。

（『ビブリア』108号　64―66頁）

二代真柱様はこのように、こと教義の問題では、誰とでも真剣に討論された。年齢や地位や学歴などは全く度外視して、徹底的に論じ合われた。

教祖伝編纂では「正確さ、実証性、真実」を徹底的に追求された

二代真柱様がお若い時に書かれた「教祖伝研究上の一私見」という論文がある。その中から二代真柱様のお言葉の一部を引用させてもらう。

私たちの最も注意を要する点は、此『正直さ』にあるのだ。黒を白と云い非を是と叫び、以てそれにて教祖様のお徳を高めんとするが如きは、最も排除すべき態度であり、又教祖の大を傷ふものであろう。

ありのまゝの教祖様として、研究し、うけ入れる、これが最も肝心なことである。（中略）教祖様の大をそのまゝ伝えること、独り自分一個の教祖様とせずに、ありしまゝの、よろづよかけて世界一列の教祖様とする事が大切である。

（『三才』新第四巻第四輯に所収）

このように真柱様は、たとえどれだけ長く広く人々に信じられ、人口に膾炙《かいしゃ》された物語でも、少しでも疑問の残るものは保留された。そして一点の疑問も残らない、一〇〇%信用できるものだけを史実として採用された。つまり、将来万が一にも新しい資料が発見されたなら修正される可能性はゼロでないとし、その時に加筆、或いは修正できるようにと、「稿本」という言葉を表題に冠せられた。そこに二代様の真理探究に於ける知的誠実さと、学問的良心を拝することができる。

言うまでもないが、『稿本天理教教祖伝』は原典に照らし、教理書として編纂された。単なる伝記ではない。信仰者が歩むべきひながたを教えられている教理書である。

教祖伝の編纂に生命を削られた上田嘉成先生の回顧録から一部紹介する。

こうして、初代真柱様の教祖御伝を底本として、逐次印刷原稿をととのえ、それによって、百回以上会議を重ねた。（中略）

こうして、真柱様の御加筆は、二十六回頂いた。（中略）

それから、「この教祖伝は、理を明らかにすることが、眼目だ。その眼目は、月日のやしろに坐す。ということと、ひながたの親とお慕いする、という二つの柱で、第十章で、御存命の理ということが加わって三つの柱となる」と仰せられ、（中略）

又、第一章が、トップにあることも、二代真柱様の思召しによる。「教祖が神のやしろに坐します、ということは、本教教義の全体が、よって立つ立脚点であって、一番重要な一点であるから、巻頭に記すように」との御指示による。

（『思い出』 前掲書 472～474頁）

再び繰り返すが、教祖についての全ての資料を徹底的に厳密に精査しつくし、二十二稿まで推敲を重ねられた。それでもなお定本とされず、将来新しい資料や研究に道を開くため、あえて「稿本」とされ、将来の改訂の可能性を残されている。

事実、出版後二度、部分的に修正されている。最近のものは『みちのとも』立教一七九年十月号に発表された「稿本天理教教祖伝改訂に関して」である。

『稿本天理教教祖伝』は簡潔な表現、含蓄のある格調高い文体、抑制された節度のある精神性の高い文体で貫かれている。

私は『稿本天理教教祖伝』は教祖の最も正確な伝記であり、教理書であると共に、近代日本が生んだ最高の傑作であり、名著であると思う。

〈閑　話〉

教祖のご足跡について、つねに現地に足を運んで緻密な実証的研究をしておられる松谷武一先生が、小生に頼みに来られたことがある。それは、教祖ご誕生日の日本の気象状態をイギリスのロンドンのグリニッジ天文台が記録しているかもしれないので、問い合わせてほしいとのこと。

早速手紙で問い合わせたが、はっきりした返事はこなかった。

よく「古老曰く」と言われることがある。例えば、教祖が江戸へ行かれたと言う古老がいた。しかし、教祖は江戸へは行っておられない。東海道五十三次の宿場の泊まり客を調べたらすぐに、そんなことがないとわかる。また、万が一行かれたとしても、お一人で行かれることはない。必ず附け人がいたはずである。また、家族、親族も知っているはずである。そういった記録は全くない。この種の、古老曰くという話はたくさんあるが、どれを信用してよいかわからない。

高野友治先生は自ら足で各地を訪ねて、教祖のご足跡についての言い伝えを集め『御存命の頃』という本を出版された（天理教道友社　昭和四十六年改修版発行）。

二代真柱様はこの本に序文を寄せられた。そしていわゆる古老曰く式の教祖についての話は、後世捏造《ねつぞう》されたものや、また、人から聞いた話をあたかも自分が教祖から直接聞いたように錯覚したものもあることを指摘された。

そしてその労を犒いながらも、高野先生は何でも拾い集める屑屋の役を果たされたとし、この点注意を要すと記されている。そして、他にも多くの新進の屑屋の出現を期待しておられる。

私がシカゴ大学に留学していた時、ある教会の月次祭に参拝させて頂いた。祭典後、雪本利清会長が、おぢばから送られてきた『稿本天理教教祖伝』を拝読された。先生の一行読んでは喉をつまらせて涙を出し、また一行読んでは泣かれる姿が今も忘れられない。渡米し、大戦中さぞ苦労されたものであろう故に教祖のご苦労に涙を流されたのであろう。

中山慶一先生も、教祖のお話をなさる時、必ず声をつまらせ、涙をぬぐわれた。

これはよく知られた話であるが、東本大教会の初代会長中川よし先生が、ある時、教祖のお話をするため壇上に立たれた。そして、「教祖は」とおっしゃった後、声をつまらせ、全く言葉が出てこない。そのうち、聴衆も皆むせび泣いた。

最近、『稿本天理教教祖伝』の長期に亘る編纂の歩みについての詳細な研究論文が発表された。

一つは山澤秀信「『稿本天理教教祖伝』編纂の歩み」（『天理教校論叢』第43号　天理教校本科研究室編　平成二十六年三月二十六日）。

もう一つは澤井一郎「『稿本天理教教祖伝』の六十年にわたる編纂の歩み」（『天研』第18号　天理教校研究所　立教一七九年三月）。

いずれも貴重な労作である。

戦前、戦中の思想統制下でのご苦労

本教が、戦前に幾度か存亡の危機に直面したことは先に述べた。明治三十年代には、天理教撲滅運動が、官民あげて全国的に行われた。次は昭和十年代、とりわけ昭和十三年末から終戦までの、いわゆる「革新」と呼ばれた時である。

一寸したミスが生命取りになった厳しい時代を体験された二代真柱様は、徹底した慎重さと用心深さで教理文書を書かれた。それは、これからもいつ政治権力によって告発され、弾圧を受けるかもしれない。そうした最悪の事態に対しては常に備えておかねばならない。こうした慎重さは経験した者のみが持つ本能的な知恵である。たとえどのような危機に直面しても、またどのような批判があってもビクともしない堅固で、正確で、不動の事実のみを採用する。そして、少しでも疑いが残る伝承や逸話は将来の検証の課題として保留とされた。

もし仮に少しでも不正確な、作為的な話を使ったら、それを言いがかりにされ、どのように批判され、危機にさらされるかもしれない。

教典や稿本教祖伝の編纂に関わりになった先生方は皆、戦前、戦中の思想統制の厳しさ、検事らの取調べの峻烈さ、厳しさ、無慈悲さを身体で体験された方々である。戦後の言論と信教の自由の中に生きている人には到底わからない用心深さ、慎重さを無意識的に身につけておられる。

岩井尊人先生は、昭和三年（一九二八年）に『泥海古記―付註釈』を出版された。ところが翌年、病気で療養中の氏の所へ二人の検事が取り調べに来た。先生が前年に出版された『泥海古記―付註釈』が不敬に当るというのである。病気で寝ている人の所へ尋問に行くという苛酷な時代であった。（平木一雄『随筆おやさと・いまむかし―七十五年の思い出』立教百六十年（一九九七年）十月　327頁参照）

〈閑　話〉

元中尊寺貫主で作家でもあった今東光師は、東京帝国大学在学中の岩井尊人氏を友人と訪ねた時のことを次のように書いている。

……その家には天理の神様がおまつりしてあるではないか。

『あんた、天理教かい』とあきれて質ねると岩井尊人は滔々と天理の哲学を述べるのだ。反駁する気もしなかったので黙々と承っていたが、その後、彼は『天理教祖の哲学』という本を書いた。

岩井さんは後に平生文部大臣の秘書官となって政治的活動をしたが、意外と早く亡くなられた。惜しい人だった。
僕が天理教に本当にショックを感じたのは、この岩井尊人によってであった。素晴らしい秀才で、かつ聡明無類。弁舌も立ち筆も立つという、まったくエリート中のエリートが熱烈な天理教徒であったことは、無知蒙昧な人間を駆り集めた新興宗教扱いされた天理教にとって、どれほど力強い存在であったか。しかも天理教徒らしい彼の実践と行動力は、多くの同期生に感銘を与え、大学内での一存在であった。僕は岩井尊人さんの若く小さな友達の一人だということで、当時の大学生までが僕を馬鹿にしないでつきあってくれたのを今でもよい思い出としている。

（『天理―心のまほろば―心の本』前掲書　31頁）

岩井尊人氏は、東京帝国大学法学部在学中に『天理教祖の哲学』（大正四年）を書いた。東京帝国大学を卒業後、三井物産に入社したが、ロンドンに在勤中にも『神一条』を出版している。さらに大正七年には「教祖研究の態度」という論考を『みちのとも』に寄せている。
邦文の教義書はこの外にもたくさん書いているが、英文の著作としては『The Outline of Tenrikyo』を昭和七年に、翌年の昭和八年には英語版の「みかぐらうた」レコードも作った。

氏は三井物産のロンドン支店長として活躍する一方、絵画の才能もあり、イギリスで有名な絵のパーティなどで活躍した。

また政治の世界でも、文部大臣の秘書となり、ブラジルにも経済使節として行くなど、まさに万能の天才とも言えるようぼくであった。

岩井尊人氏について、金子圭助先生の「岩井尊人の天理教学研究―天理教教理史研究の一齣」は必読の論文である。

（『ビブリア』95号　平成二年十一月）

これを読むだけでも、岩井氏が当時の最も卓越した天理教学者であったことがわかる。

氏は二代真柱様に向かって遠慮なく物を申され、「君が偉いのではなく、ご教祖様が偉いのだ」と言われたと側聞したことがある。

二代真柱様が天理中学校を卒業され、どの高等学校（旧制）を選ぶかという時、大阪高等学校へ行かれることを推薦されたのも岩井尊人氏であった。

改めて強調したいのは、二代真柱様のご判断における用心深さ、慎重さ、注意深さ、思考に於ける厳密さと徹底性は先天的、生得的なものであるということである。事実と真実にあくまで忠実であった。これは恩師姉崎正治教授のご指導の賜である。生まれつきの真理の探求者、研究者であられた。それに拍車をかけたのが恩師姉崎先生と共に、戦前の厳しい思想統制の中で生き抜いてこられた体験が生得的、先天的なものをさらに一層レベルアップし、強化させたと考える。

恩師や学友たちのアドバイス

本教教理の基礎作りには二代様は生涯の師として尊敬されていた姉崎正治先生や、大阪高等学校（旧制）や東京帝国大学時代の同輩や先輩、後輩など多くの人が間接的に大きく協力して下さった。例えば東大の宗教学科長を長く勤められた岸本英夫先生、人類学、民俗学、宗教社会学の権威で二代様の親友中の親友と言える古野清人先生、東北大学の学長を勤められた石津照璽先生、古代イスラエル史の権威大畠清先生、丸川仁夫先生などなど。

さらに、その他多くの碩学や権威や大家などを、たくさん友人としてお持ちであった。

二代真柱様は、こうした各分野の大家や権威、碩学や第一人者の方々と常に親しくしておられた。もし二代様が仮に何か間違いをなされたとしたら、こうした先生方から、すぐに「おい、中山それでよいのか」とか「それはおかしいぞ」、「違うのとちがうか」などと遠慮ないアドバイスの声が飛んできたであろう。つまり、二代様が教学の基礎作りに於いて事実に反することや真実から離れたり逸脱したことを申されたら、直ちにそれを厳しく批判する宗教学界の権威がつねに二代様の側におられた。そして二代様はどのような遠慮や容赦もない批判に対しても謙虚に耳を傾け、参考にされた。今日から見れば日本宗教学宗教史上空前とも言える碩学や権威から忌憚のない、歯に衣を着せない助言に耳を傾け、教学や教義学構築の糧とされたのである。だから一切の作為的なごまかしや偽装は出来なかったのは当然である。

本教史上空前の優秀な人材が揃った

二代真柱様の側近として教典や稿本天理教教祖伝の編纂に参画された方々は、いずれも立派な信仰心と秀れた頭脳の持主であった。

お名前を順不同で挙げると、中山為信先生、中山慶一先生、山澤為次先生、上田嘉成先生、諸井慶徳先生、田中喜久男先生などの諸先生たちである。直接関与されなかったが、アドバイス役を務められた諸井慶五郎先生、堀越儀郎先生、東井三代次先生も挙げられよう。いずれも東京帝国大学で学ばれた方々である。また、二代真柱様の手足となって尽力された方々の中には、京都帝国大学出身の深谷徳郎先生、高橋道男先生、深谷忠政先生や富永牧太先生がおられた。早稲田大学出身の優秀な先生方もたくさんおられた。

外にも、先に述べた岩井尊人先生、柏原義則先生、大須賀貞夫先生、竹村菊太郎先生、辻豊彦先生、奥村秀夫先生、松井忠義先生、後藤総一郎先生、塩谷寛先生、高野友治先生などなど。

ドイツ、イタリア、中立国を除く全世界と三年八カ月も戦争するという日本史上最大の危機の中で、本教に降りかかった存亡の危機を乗り越え、復元という本教教学の確立という大事業を行うとき、こうした超一流の優秀な方々が活躍して下さるという幸運は測り知れない。よくも揃いも揃って、これだけの秀才信仰者が、二代真柱様の手足となって働かれたことは誠に驚くべきことであり、不思議なことである。まさに天の配剤と申すべきか、或いは親神様、教祖の先廻りのご守護と申すべきか。

神様はこの時旬のため予めご準備下されていたとしか考えられない。

空前絶後の逸材がきら星のごとく二代真柱様という太陽のまわりを囲んでいたことは、まことに目を見はるような壮観さである。親神様、教祖のご守護と二代真柱様のご尽力と側近として仕えられたこれらの先生方のご恩は決して忘れてはならない。

こうして『天理教教典』や、『稿本天理教教祖伝』は、二代真柱様の強力なリーダーシップのもと、前述した卓越した頭脳と灼熱の信仰の持主が、生命をすり減らした研鑽と努力の結晶であり、これ以上のものは絶対に望めないと断定したい。

〈閑　話〉

当時の日本で大学へ進学する人は1％以下、0・7％くらいと言われている。帝国大学出身者がどれほどエリートであったかはこれでわかる。（天野郁夫『教育と選抜の社会史』ちくま文芸文庫　二〇〇六、ならびに、高田里恵子『学歴、階級、軍隊—高学歴兵士たちの憂鬱な日常』中公新書　二〇〇八、参照）

二代真柱様のご著書

二代真柱様はたくさんの単行本や論文、随筆、和歌、俳句、序文、その他を執筆されている。立教一六〇年十一月に天理図書館で開催した「二代真柱中山正善著作展」の出品目録を見ると百四十点が挙げられている。

もし、二代真柱様の全集を出すなら、三百頁の本が数十冊くらいになるであろう。それに二代真柱様の訓話集を加えれば、百冊を超えるのではないか。

ご著作の中には、一般の書店から出版されているのが二点ある。

一つは『たねまき飛行』（昭和二十七年十二月）と『たねまき飛行　続』（昭和二十九年）で要書房から出版されている。

もう一点『よふきぐらし』（昭和三十三年一月）はダヴィット社から出版されている。

ちなみに二代真柱様のご著作について最も完全なのは、上野利一郎編『二代真柱中山正善著作目録』（『ひがし通信』別冊４　一九八二年）であり、一二五頁に、全著作を網羅している。

なお、二代真柱様が書物や天理図書館について述べられた論述を、二代真柱様二十年祭にあわせ『本と天理図書館』（天理大学出版部　昭和六十二年十一月十四日）として天理図書館から出版した。

二代真柱様の学風と態度―徹底した実証性、厳密さ、正確さ―

前述したことであるが、改めて強調したいことは、二代真柱様は、問題を徹底的に考え抜かれた。強靱な思考力の持主であられた。そのようにも考えられる、ああも考えられるというように、あらゆる方面から考え抜かれた。中途半端な妥協は全くなさらなかった。考え得る全てのことを、極限まで考え、追求された。思索は徹底していた。一分の隙も遺《い》漏《ろう》も見のがされなかった。その徹底ぶりは超人的であられた。わずかな、小さな疑問点でも見のがさず、とことん突き詰めて行かれた。真理追究の鬼であった。

二代様は、あくまで実証的な研究姿勢を貫かれた。ありのままの、真実だけを求められた。○○であるべきとか、○○かもしれないとか、○○であってもよいと言った根拠のない想定や、観念的な判断は許されなかった。あくまで、真実そのもの、真理そのものを追求された。

哲学者はよく、〇〇であるべきであると言う。しかしそれが本当にそうであるのかどうかは実証できない。もしそうでなかったら、間違ったことを主張していることになる。

真柱様は、推測、想定、憶測で物事を判断することに対し厳しく批判された。あくまで事実そのもの、真実そのものを追求された。

深谷忠政先生が、二代真柱様を〝学問的良心を体現していられる〟とおっしゃったのは当然である。真理を追究する者は模範とすべき、偉大なる思索の巨人であられた。

(三)海外布教に有用な施設を創設

二代真柱様の海外への思い

二代真柱様はその生涯を海外布教伝道に捧げられた。東京帝国大学の学生の時から、自ら視察と調査のために海外を訪ねられ、出直されるまで都合十九回も海外へ巡教されている。もし、太平洋戦争（第二次世界大戦）の空白期間がなければ、恐らくもっと多く海外へ巡教されたであろう。

二代真柱様は、海外伝道に全身全霊で取り組まれた。生命の危険を顧みず、布教している教友の現地を訪れ激励された。

増野石次郎先生は、天理教青年会の第三回講習会で「海外布教について」というテーマで講演された。キリスト教の海外布教や仏教各派の海外布教の実状を紹介し、青年会員に対し海外布教伝道に行くよう励まされている。

その中で、初代真柱様の魂の因縁は、大戸辺命の御霊である。大戸辺命は引き出しのご守護であるとし、続けて「霊の因縁として此の上もなく、辛抱強い方であった。此の辛抱、此の忍耐力によって幾多艱難辛苦、いばらぐらう崖路を乗り越して教祖の豫言通ほり、日本国中のあら〱の道がついたのである。本教は一人前に成長し得たのであった」と話されている。

また、二代真柱様については、次のようにも述べておられる。

「第二代に御座する現管長公（筆者註二代真柱様）は秀司様を通して、月読の命の御霊と聞かして頂いている。骨ツウパリの御守護である。一人前に成長したお互いが、之れから人間として真の働きに入る時最も肝心なものと云えば、不撓不屈の精神、押しの強いこと、突張る力の強いこと、之れである。之れなくして、ドウして百難を排して成功を贏《か》ち得やう。大事業を仕上げることが出来やう。恁《こ》う申せば甚だ烏滸《おこ》がましい言い分ながら、現管長公は非常に押しの強い、突張る力の強い方に御座する。其の将来に展開し来る天地は、実に世界隅から隅までの海外発展、海外布教にあるのである。現在御年十七才と申せば、教祖四十年祭と相前後して丁年に達せられる。御就職後に展開し来る、本教海外発展の大飛躍……お互ひはその貴い幸先を祝福すると共に予め其の神意に反かざらん事を期せねばならん」

大変意義深い悟りである。

（『第三回講習会講義録』天理教青年会　大正十年十月　164〜165頁）

天理外国語学校

天理大学の、母校創立四十周年記念行事報告書の中で二代真柱様は、「設立の趣旨とふるさと会」というテーマで次のようにお話されている。

私が校長として語学校を創設した時は、海外布教ということが一念であったのであります。私のできない語学を皆さんに学んでいただき、私の手の届かない先々までにをいがけをしていただきたいというのが学校創設の意志であったわけです。（中略）とにかく、現在の大学その頃の語学校の成人に相当の期待をかけておりました関係上、一面において、海外へ雄飛するところの用木の養成であると共に、他面において、天理教の最高学府であるという二つの念願を諸君に果たしていただきたいという気持ちをもったのであります。

このお言葉は天理大学の存在理由（レゾン・デートル）であることを肝に銘じなければならない。

（『ふるさと会報』第十二号　天理大学ふるさと会　昭和四十年　3頁）

二代真柱様は全生涯を通して海外布教に情熱を注がれた。その訳は申すまでもなく、世界中の人々も皆、親神様の可愛い子供である。その世界中の子供（人々）を救けることが教祖の御教えに応えることであるからである。

そこで、外国語を修得するための外国語学校を創立された、その際に他には見られない二つの新しいことを行われた。その一つは、朝鮮語の教育であり、もう一つは男女共学であった。

海外への布教はまず、おぢばのある日本から、池に投げた石の波紋がだんだん大きく広がって行くように、日本の近隣国から次第に遠くへ拡げて行くというお考えから、朝鮮半島、中国、旧ソ連の言葉を学ぶように計画された。しかし、当時日本は朝鮮半島を合併し、日本化を推進していた最中なので、政府から認可を取るのは至難の業であった。しかし、ねばりにねばった交渉の結果、期限つきで認可をとった。高等教育校（当時の中学校以上）の学校で朝鮮語を教えていたのは、天理外国語学校だけであった。他の大学が朝鮮語を教え出したのは敗戦後十年くらいたってからである。

次に、当時の日本では、「男女七歳にして席を同じうせず」という慣習があり、高等教育学校での男女共学は他になかった。

なぜ、男女共学にされたかというと、「女松男松にへだてない」という御教えに基づき、海外布教にも女性布教師が男性布教師と共に、布教活動をしてほしいとの思いからである。古い世界宗教は、みな男尊女卑であり、祭儀や宣教や伝道に於いて女性は完全に排除されている。しかし教祖は、男性も女性も対等に祭儀や布教伝道活動をするよう教えられた。つまり本教は宗教活動の場に於いての女性の立場は世界の大宗教と真逆である。

宗教活動に於ける男女の完全な平等について、二代真柱様は昭和三十五年、モスクワ大学で行われた国際東洋学会議で「天理教にあっての女性の立場に就いて」というテーマで研究発表をされている。

最後になったが、天理外国語学校を創設される時、文部省の制約を受けず自由に独自の教育を行うため、最初は各種学校として出発された。その後、徴兵の問題が生じ、仕方なく文部省令に基づく専門学校とされたことも忘れてはならない。

二代真柱は、終生自分が創った大学をこよなく愛し、その発展のため、全力を尽して下さった。

その一つの例として、宗教学科へ当時東大や東北大、京大などから宗教学、宗教史やその他の分野の権威を講師として招いて下さった。そのお陰で、教授陣に関しては東の東京大学宗教学科、西の天理大学宗教学科と言えるほどの立派な教授陣を揃えて下さった。

最後になったが二代様は古代オリエント研究の権威で、フランス・アカデミー会員の三笠宮崇仁親王殿下を講師としてお招き下さった。真柱様は、天理大学を、世界的な立派な大学にしたいという強い思いをお持ちであった。その証拠に、海外へ行かれたら、それぞれの国の一流大学を必ず訪ねておられる。

〈閑　話〉

二代真柱様は、天理大学の学術的レベル向上を強く希望し期待しておられた。

ある直会の時である。天理大学の某教授が真柱様にお盃を頂戴しに来られた。私はたまたま近くにいた。真柱様はその教授に対してこうおっしゃった。「お前、もっと研究に力を尽しなさい」と。

その先生はその後、立派な研究成果をあげられた。

二代真柱様の語学修得への熱意

二代真柱様は語学の修得に熱心に取り組まれた。英語は天理中学校から、そして大阪高等学校ではシンチンゲル教授からドイツ語を学ばれた。ドイツ語は良くお出来になった。その証拠に、ゲーテの『ファウスト』の森鷗外が訳したのを、短歌の形式に書き替えられている。余程の語学力がないと出来ないことである。旧制大阪高校から京都帝国大学でドイツ語を専攻され、文部省派遣生としてドイツに留学、その後はずーっと天理大学でドイツ語を教えておられた山口繁雄先生は、二代様の偉業として天理中学生（旧制）にドイツ語教育を取り入れたことをあげておられる。語学は若い時ほどよく学習出来るからである。中学校でドイツ語を教えたのは全国でも天理中学校だけであった。

また天理図書館から、昭和七年から十五年にかけて英語、ドイツ語、フランス語三カ国語の新聞（『外字新聞天理教』と通称した）を月一回発行し、他の図書館や主な宗教団体に送っている。月千五百部発行して海外にも発送した。

〈閑　話〉

『外字新聞天理教』同人の主催で、外国人向けの「講演と懇談の夕」が昭和九年十一月に神戸三宮パウリスタ楼上にて開催された。高橋道男天理図書館主任の挨拶（英語）の後、山口繁雄氏がドイツ語、森下辰夫氏がフランス語、戸井憲三氏が英語でそれぞれ講演した。在阪神間の外国人が大勢参加し、好評を博した（『天理図書館四十年史』一九七五年）。

二代真柱様は英語も堪能であった。英文の購読は勿論、海外の国際学会で講演や研究発表を流暢な英語でなされている。小生は、一九六〇年マールブルク大学で行われた第十回国際宗教学宗教史会議での二代真柱様の研究発表を拝聴した。また海外（英語圏）からの来客に対しては流暢にお話をされているのを身近で拝見した。世界各地の書店を廻って集書された時も英語とドイツ語で交渉されている。

このように、英語もドイツ語にも堪能でありながら、いつも口ぐせのように「私は語学が出来ない」とおっしゃっていた。

それは私の察するところ、本来謙虚なお方であったこと、それと共に、御教えの真髄を相手の心や魂に伝えるためには、かなり高度の語学力が必要であることを十分に認識しておられたからであろう。

外国語を専門に教える学校は、かつての日本には天理外国語学校の他に東京外国語学校と大阪外国語学校しかなかった。二代真柱様は「目的が生かせる学校を創りたい。内容においては、東京や大阪の外語以上にしたい」と希望されていた。目的とは申すまでもなく、海外伝道であり、御教えを世界中の人に伝えたいというご理想である。深遠なだめの教え（究極で最後の教え）を海外の人達に伝えるためにかなり高いレベルの語学力を身につけるよう、期待しておられたのである。

改めて言うが、二代様はドイツ語と英語は堪能であったのに、常に「自分は語学が出来ない」とおっしゃっていた。それはその目ざされた目標とする語学の程度が大変高かったからである。

そうおっしゃる理由があった。まずその一つは、ハーバード大学に留学し、戦後占領軍との交渉の通訳をされた、元東京大学宗教学科長岸本英夫先生が、二代様のお招きでおぢばにおられた時である。小生は先生が、「私の英語の語学力は、柔道にたとえると四段ぐらいかな」とおっしゃったのを聞いて驚いた。てっきり八段くらいとおっしゃると思っていたからである。語学は上達すればするほど語学力の足らなさ、貧しさを自覚させられるからである。二代様は、この岸本先生のような謙虚なお心をお持ちであったからであろう。

これはあくまで私の臆測であるが、二代真柱様の側近に世界の四十の外国の言葉を読まれた諸井慶徳という、語学の、超がつく天才がおられたからかもしれない。

さらに言えば、世界には無数の外国語がある。そこへ布教伝道するにはいくら語学を勉強しても、しきれないこともお考えになっていたと拝察する。

天理図書館

二代真柱様は、無類の本好きで向学心の強かった初代真柱様の血を継がれ、とても本好きであった。そして一代で世界的な図書館を作られた。

最初は学術研究に必要な実用的文献を集められたが、戦中、戦後に戦火をまぬがれるために都市に住むコレクターが天理で保管してほしいと希望し、それを受け古典籍が集められた。現在国宝六点、重要文化財が八十六点ある。この中には欧米の国宝級の書籍や資料は入っていない。

雄松堂書店の新田氏から、十六世紀インディアン語の聖書やハワイ語の聖書はアメリカでは国宝級だと聞かされた。本ではないが、ドイツ、ケルンで作られた地球儀（フォペル作）はドイツの国宝である。他にもたくさんあると思うが、それらを加えると、かなりの数になるのではないか。

二代真柱様は天理図書館を、本教の文化センターとしての役割を果すことを目ざされた。それゆえ天理図書館から「天理時報」を創刊され、英、独、仏語の新聞も毎月発行された。二代様が一番力を入れて集められたのは、海外布教用の資料である。海外で広く信じられている他の宗教の資料を精力的に集められた。

例えば、カトリックのイエズス会関係資料は、カトリックの神父が感心するほどたくさん集められている。それは言うまでもなく、カトリックの中でもイエズス会が、世界伝道については模範とすべき先輩であり、最も学ぶべき宗教団体だからである。

天理図書館にあるイエズス会関係の資料は恐らく東洋一であろう。

天理図書館が国内外学術研究の上で果した役割は極めて大きい。ちなみに筆者は天理図書館に二十五年在職したが、調べたらその後半に、天理図書館を利用した大学や研究所は三百を超えていた。

天理図書館の資料を利用して博士号を取得した人は数えきれない。図書館は高山布教に於いても大きく貢献しているのである。天理図書館については後でも述べる。

おやさと研究所創設の目的

おやさと研究所の前身は、昭和十八年（一九四三年）に創設された亜細亜文化研究所である。その第一回所員会議で、創設者二代真柱様は所員に対して次のように訓話されている（要約）。

従って研究所も唯単なる研究機関ではなくして、海外伝道に関する後方の参謀機関として始めて生命があり、海外伝道の推進力として進まねばならぬ。（中略）この点唯単なる研究所とは大いなる相違があることを、充分に認識せねばならぬ。（中略）具体的に云ふと、回教を取り上げて研究する場合、回教が異民族伝道に対して如何なる対策を講じたかを研究することは容易であっても、回教圏に本教が立入る場合には、然らば如何なる対策を講ずべきか、根強い回教の伝道対策なり、信仰なりに圧倒されることなく、そこには如何なるウィークポイントがあるか、そのウィークポイントを衝くには如何にすべきかと云ふところまで掘り下げることが大切である。一般的研究をなし、その発表をしさえすればよいと云うが如き、お座なりのものであっては決してならないのである。

（『管長様御訓話集第三巻』 天理教教義及史料集成部 昭和十九年 76〜80頁）

このご訓話こそ、研究所の研究員が肝に銘じなければならないことであると思う。このご訓話を拝聴すると、この時点で二代真柱様はイスラム教の本質を良く理解され、イスラム教徒への布教伝道をお考えになっていることがわかる。天理図書館にイスラームの文献をたくさん集められたのもこのためである。

亜細亜文化研究所は、戦後、天理文化研究所（所長古野清人先生）、そして宗教文化研究所と名を変えた。二代目の所長諸井慶徳先生は二代様の思召をしっかり受けとめ、象牙の塔から出て、当時の世界の宗教事情や社会事情を調査研究するよう所員にご指導下さった。先生ご自身も稀有な語学力を生かし、他宗の研究に於いて卓越した力量を発揮して、創立者のご理念を実現することに全力を尽された。その後研究所はおやさと研究所となり、第一部は宗教文化研究、第二部は東アジア研究、第三部はアフリカ研究と三つの部門に分れ

た。（アフリカ研究部を作られた理由は後で述べる）

〈閑　話〉

このおやさと研究所の第二部の所員であった河内良弘先生は、東北アジアの歴史と文化の研究で大きな成果を挙げられた。天理大学で教鞭を執り、のち京都大学にも招かれ、再び天理大学で教えつつ、立派な業績を生み出された。

そして平成二十六年（二〇一四年）に『満州語辞典』（松香堂書店）を出版し、平成二十八年（二〇一六年）度の日本学士院賞を拝受された。河内良弘先生の全ての学術的労作は、おやさと研究所時代や天理大学時代の研究が元となっている。

今回の受賞を一番お喜び下さっているのは研究所を創設された二代真柱様であると思う。

おやさと研究所の歴史については『おやさと研究所五十年誌』が詳しい。

（天理大学おやさと研究所　立教一六〇年（一九九七年）一月二十六日）

天理参考館

英語では天理参考館を〈Tenri Sanko - kan Museum〉と言う。堂々たる博物館なのになぜ参考館という名前をつけて呼ぶのであろうか。

その訳は、二代真柱様が、海外布教伝道者が外地で、今までと全く違う生活習慣に苦しまぬよう、国内でそれに慣れておくようにと、海外の日常生活の道具を集められた。そのため、初めはいわゆる民俗資料館として出発した。そののち考古学的なものや古美術品もかなり集められている。

前にも書いたが保田與重郎氏は、

参考館の構想は、有史以来唯一、世界に初めてのものだ。しかも成果は立派で無双に尊く、その思いの有難さは、千字や二千字の文章でいえることでない。所謂博物館美術館と全然別箇に尊いのは、その本質と発想がちがっているからだ。

（『みちのとも』二代真柱追悼号　前掲書　181頁）

と、参考館の本質を見事に喝破しておられる。

天理参考館民俗資料の多くは、海外で布教伝道している人たちが、現地で探し求め、おぢばへ帰参の時に持ち帰り参考館に寄贈されたものが多い。

有名な中国の古い看板は、福原登喜先生が一軒一軒店主とねばり強く交渉して集められたものである。

海外から参考館を訪ねた人は、自国にない古い民俗資料を見て驚き、感謝される。

〈閑　話〉

国立民族学博物館の初代館長梅棹忠夫氏は、若い頃よく天理参考館に来ていた。氏は天理参考館をモデルにして国立民族学博物館を構想し創設したと思う。

両者は共に民俗もしくは民族に関する博物館であるが（前述のように、参考館は後に考古資料も集めるようになった）、その創設の目的が根本的に違う。天理参考館は海外布教伝道者のために作られた。すなわち一れつ兄弟姉妹である海外の人々を救ける布教師が現地のことを学ぶ場として作られた。

一方、国立民族学博物館は学術研究のために作られた。その違いを実感したのは、ある時梅棹氏の研究発表を天理参考館で聞いた時である。彼はスライドを見せながら、ある種族について話をしていたが、こう言った。「この種族はいずれ滅んでしまうでしょう」と。しかし天理参考館の立場なら、この種族を何とか救けてやりたい、そのためにどうしたらよいかを考えるだろう。そこに、研究者の見方とおたすけ人（宗教者）の見方の根本的な違いを感じた。天理参考館と国立民族学博物館の創設の目的が全く違うからである。

天理教教庁印刷所（天理時報社）の創設と二代真柱様の学問的良心

海外伝道のための施設として、天理外国語学校、天理図書館、天理参考館が作られたことは先に述べた。天理教教庁印刷所（現天理時報社）についても全く同じことが言える。創立の目的は国内外の布教伝道文書を作るために創立されたのである。

この印刷所はその後発展をとげていく。一昔前の印刷は活字を植字工が拾って印刷した。日本語の活字はどこの印刷所も持っているが、古典語や多くの外国語の活字を持つ印刷所は日本にはあまりなく、多言語を使った論文や出版物の印刷をしてくれる所は少なかった。その点、天理教教庁印刷所はたくさんの外国語の活字を持っていたので、貴重な存在となり、多言語を駆使した論文を出版できた。故に学界から大変貴重な印刷所として高く評価された。

また印刷だけでなく、古典籍原本の複製の印刷技術もかなり高いレベルを持っている。天理図書館が所蔵する国宝、重文、重美クラスの貴重本の複刻出版を東京の八木書店が刊行している。これらの複製本によって、国宝や重文クラスの貴重な文献を手近に利用することが出来る。

天理時報社が果たしている学術研究の功績は極めて大きい。なお、天理図書館が八木書店と共に行っている影印複製事業については後で述べる。

早田一郎氏は、「二代真柱中山正善様と天理教文献の出版」という論文で、二代様について大変重要なことをいくつか指摘している。

その一つは、二代真柱様が天理教教庁印刷所を創設したくさんの本を出版された、その目的の第一は文書伝道であったことであると言う。

こうして作られた印刷所から二代真柱様が執筆されたたくさんの本が出版された。早田氏はその理由として次のように述べている。

まず、二代真柱様は筆を執ることが性にあっていたと言えるだろう。文章を書くことを好まれたのだろう。そうでないとあれだけのものは書けない。二代真柱様の執筆の特徴は継続性をもって書かれたことである。『天理時報』などへの連載が非常に多い。しかもかなりの長期連載である。例えば「ひとことはなし」や「機影通信」「成人譜」など精力的に執筆されている。

早田氏はつづいて次のように言う。

こうした執筆の熱意はもちろん書くことが好きなだけでは到底できない。二代真柱様はたえず読者のこと、つまり本教信者のことを念頭において執筆されているのである。（中略）

年祭期間中の最も多忙な時にも気力をふりしぼって、執筆されたことが分かる。信者の一人一人と話し合いたい、語り合いたいという気持ちである。これは自分が書くことによってみんなが喜んでくれるということを、二代真柱様が知っておられたということにもなろう。

早田一郎氏は、この論文でさらに重要な点を指摘している。それは深谷忠政先生がいみじくも言われたように、二代真柱様は学問的良心の権化であったという点である。二代真柱様は、普通は公開しない種類の文書も公にされたと。

さらに特筆すべきは『復元』と『御教祖伝史実校訂本』である。教祖伝、教会史などの資料集といえるもので、一般的には公開しない性格のものであるが、二代真柱様はこうした特殊資料も公にし、研究者の便をはかられた。研究意欲ある人は誰でも見ることができるようにされた。(中略)『復元』や『御教祖伝史実校訂本』に記載されているものは内部資料として公開までするものではないという考え方もできる。ところが二代真柱様はこうしたものまで出版し、公開された。オープンな心に驚かされる。これら原資料の公開が後の教学の発展に寄与していることは、紛れもない事実である。

そして、まとめの中で次のように述べている。

まず第一に、最も心を込められた出版事業は原典の公刊と教義書の整備であった。大正末まで原典はみかぐらうたのみの公刊であったが、教庁印刷所が設置されてすぐにおふでさきとおさしづを公刊された。(中略)現在、我々が原典を何不自由なく見ることができるのは、二代真柱様の心血注がれた結果であることを後世に伝えていかねばならない。

次に、様々な資料を公開されたことを挙げねばならない。原典を秘典とすることなく公刊されたことも資料公開と言えるが、その他原典、教祖、教史などの基礎資料を誰でも接することができるよう公開された。教学研究を志す人に便なるよう資料を明らかにされた。二代真柱様のこうした計らいによって現在我々は原資料を見ることができるのである。

（『ビブリア』108号　210～211頁）

以上まとめると、二代真柱様は海外布教伝道に必要な施設を次々と創設されたが、これらの各施設はその後それぞれ独自の発展をとげた。

天理大学についての二代様の思いは、第三十七回卒業式で述べられた祝辞から汲みとれる。

「私の一生の間に於て海外布教の実を押しすすめた。言いかえると私の生命に代えて外国語学校というものを見てゆきたい」と話され、翌年の第三十八回卒業式の祝辞でも、「私の生命あるかぎり、大学の成人が私の喜、憂、哀、楽である」とお話になった。

天理外国語学校は、その後天理語学専門学校となり、そして現在の天理大学になった。

このことについて、二代様はそれはちょうど子供が大きくなると名前を変えるようなものであり、創設の理念や目的は天理外国語学校創設の理念や目的と変らないと申されている。

おぢばにある全ての施設はみな海外布教伝道のために創設されたものであり、このことは決して忘れてはならない。

天理よろづ相談所病院「憩の家」の独自性

本教の信仰者は、昔から「病の元は心から」との教えに、「つとめとさづけ」という結構な宝を頂いていた。そのためどんな病気を患っても、おつとめとおさづけ、それに御供とおいき紙で病を克服してきた。

しかし二代真柱様は「信仰と医療は次元が違う」と仰せられ、また、「親神様は修理肥として医者、薬をお造り下されたもので、若し医薬を否定する様な宗教があったら、時代に取り残される事になる」と諭され、昭和十年末に、教校別科の医務室として設けられたよろづ相談所を、結核療養所として建設されるようになった。それから、よろづ相談所病院が作られ、ついに猛烈な反対を押し切って、当時は東洋一と言われた巨大な憩の家病院を創設されたのである。（谷岡元太郎「お受けした御高恩」参照〈『思い出』に所収〉）

こうして心身具有の人間の病の真の救いを目ざす、憩の家病院（よろづ相談所）を設立された。病める人の精神的、肉体的な救いは勿論、人々が生きる社会的環境のトラブルの解決も視野に入れた総合的救済の場を目ざされた。身体の病には身上部の医師が治療し、心の悩みや不安、苦しみなどが原因となっている病気が極めて大きいので、事情部の講師が心のケアと共に、病の元となっている、心のほこりやいんねん納消や魂を救い、病の根を切るため、おさづけを取り次ぐ。さらに、人間関係や社会的なトラブルなどに困っている人達のために、世話部を設けられた。

このような身上部、事情部、世話部という三つの部門から全人間的な医療を施す病院は、世界中どこにもない。海外からの見学者や視察がひっきりなしに訪れる。これも海外伝道に大きく役立っている。

付言するが、憩の家病院から、コンゴとラオスに医療隊を派遣し、現地の人に大変感謝されたことがあった。

(四) 二代真柱様のお人柄

空となられた二代真柱様の広い心

幾度も繰り返すが、私如き小者が、偉大なる二代真柱様について語ることは、分をわきまえぬ無謀なことという誹りを免れないだろう。

古人曰く「燕雀安んぞ鴻鵠の志を知らんや」である。

この事は十分承知の上で筆をとった。その理由は、二代真柱様ご晩年の七年間、親しく接する幸運に恵まれ、その間身近に拝した二代真柱様の実像の一端を書き残したいとの思いからである、それと共に二代真柱様と親交のあった方々の印象を紹介したい。


真柱様は、初めて会う人に対しても、自分の全てをさらけ出された。何一つかくさず、あけっぱなしであった。自分というものを真っ裸にされたので誰もが真柱様の前に出ると自分のすべてをさらけ出すことになる。一度お会いしただけで誰もが百年の知己と思わせる不思議な魅力をお持ちであった。初めてお会いした瞬間から真柱様の無限に近い広いお心と、何とも言えない魅力に呑み込まれて行くのであった。そしてこの方のためなら死んでもよいと思わせる不思議な魅力に呑み込まれてしまうのであった。

社会的に高い立場におられる方も、若い学生に対しても全く同じように接しておられた。そして真柱様の無限に近い広いお心の中に溶け込まれ、一体化させて頂けたのであった。

二代真柱様は、取りすました謹厳実直な、道学者風の宗教家でなく、超俗的で枯れ切った宗教家でもなかった。

普通の人間と全く同じ人間嗅をプンプン発散され、野性味をお持ちであった。

霊感にあふれた存在であり、近寄りがたい存在でありつつ辺鄙な山里で草取りをしている農夫のような素朴さ、朴訥《ぼくとつ》さ、人なつこさをお持ちであった。豪放大胆でありつつ、かつ物事には極めて細心で慎重、繊細でデリケイトな方であった。このように正反対のものが真柱様のお人柄の中に、二つ一つ（絶対矛盾の自己同一）になっているお方であった。

永遠に謎の存在であられた。

余人には見られない、不思議なお人柄であった。最も人間的であり人間臭さをぷんぷんさせておられ、人一倍人間的なお方であった。

ところが人間を超越しておられた。どんな尺度でも測れない、幅の広さ、深さを持たれ、正に超人間的であるという全く正反対のものが一つになっていた。

まさに人にして神、神にして人、生き神であられた。

小林秀雄氏と二代真柱様

文芸評論家小林秀雄氏の母親が本教の信者であった。小林氏はしばしばおぢばに二代真柱様を訪ねている。

小林氏は二代真柱様についてこう語っている。

池田大作さんと面識があるが、あの人には政治家肌というところがあるな。天理教の中山正善さんも知っているが、あの人の方は宗教家の感じだったな。中山みきという人は宗教家として天才だと思っているが、その血を受けた感じがしたな。

（中略）

私のおっかさんは天理教だったんだよ。まだ戦争中の事だった。天理教のお祭りに招待された。盛大なものだったな。サルマタ一つの生き神様を信者たちが胴上げするんだ。みんな酔っぱらってるんだ。開けっぱなしの完全な無礼講だな。実に愉快な教旨だなと思ったな。基本の力はここにあると思ったな。毎日、朝から酒を食らっていたら、もうそろそろ帰ったらどうだと言われて帰った。それが中山さんに会った最初だったが、最後は死ぬ前だった。

（『毎日新聞』昭和五十年十月十一日）

小林秀雄氏は二代真柱様がお出直しになるその前日の十一月十三日におぢばにお帰りになっている。そして二代真柱様と一緒に石上神宮に参拝され、神宮が保管している勾玉を共に見学された。その後天理参考館を見学され、午後四時三十分頃天理を去った。その夜中に二代真柱様は急逝された。

その晩はネパールの王族二人やイギリスの大英図書館の東洋部長レゲット氏と夕食をされた。小生も陪食《ばいしょく》するようにとのご命があったが、ある事から出席できなかった。

小林秀雄氏は、教外者では二代真柱様にお会いになった最後の日本人であった。

木崎國嘉博士の真柱様観

大阪高等学校（旧制）時代からの親友で、大阪赤十字病院の内科部長を長くしておられた木崎國嘉ドクターは、次のように二代真柱様のお人柄を述べておられる。

真柱様の一番の特徴はズバ抜けたスケールの大きさと、天真爛漫さだろうと思う。しばらくじっと考えて言い出されることのスケールの大きさには私は屢々耳を疑って考えてから改めて驚くことが多かった。

それと全くガラス張り入りの裏も表もない人柄、そして全くの奉仕精神のかたまりのような方だった。

「自分は大和の田舎者だ」

「おれの紹介した人間は、たとえどんな人でもおれと同様に待遇せよ」

「できるかできないかは、一度やってみて、その上でどうしてもできないなら、できないといえ。やりもしないでできないというのは許さん」

「切り花は花の生命を縮めるから嫌いだ」

「酒がのめなくても、人がのむ時は無理をしてでものめ」など、口をついて何かの機会におっしゃった言葉が思い出される。

（『大高ラガー』　中山正善君追悼号　昭和四十二年　73頁）

木崎國嘉医師はまた、別の所で次のようにも言っておられる。

長年の私の真柱さんの印象は最初とまったく変られない人柄である。少しも気取ったところがなくまったくの自然のまま、公も私も、表も裏もまったく同じ人である。そして私にとってはただ驚異ともみえる善意と寛容、私たちの欠点は欠点としてそのまま許せる抱擁力、四方八方ガラスばりの生活をしても天地にはじない日常生活、それにこんなに多くの人の中心になっていてもちっとも、人に窮屈さを感じさせない太陽のような暖かさ、だれとでも対等な態度での謙虚さ、忘恩すら許せる荘厳なほどの友情。私はまったく形容することばを知らない。毒舌をもって鳴る今東光和尚も〝天理の真柱はまったく頭が下る〟とべたほめである。

（「私の真柱様観」〈『天理教をこう見る』養徳社　昭和三十九年〉に所収）

〈閑　話〉

一九六〇年の海外ご巡教の際、モスクワ大学で行われる国際東洋学会議で二代真柱様が研究発表をされるのでロシア語ができる木崎ドクターも随行員として同行された。

帰国され、しばらくして、木崎先生からお電話を頂いた。そして「あんな無茶なことをしてはあきまへん、あんな無茶なことをしてはいけません」と申された。

巡教旅行中、真柱様が一瞬一刻を惜しんで不眠不休の旅をなさることに驚き、真柱様のご健康を心配してお電話を下さったのである。木崎ドクターの杞憂は残念乍ら杞憂でなく当ってしまった。スポーツマンで頑強な体力をお持ちの真柱様が六十三歳でお出直しになった。あとせめて十年生きていて下さったらという声を小生は耳にタコができるほど聞いた。

真柱様は病に倒れられたのではない。布教伝道の第一線で討ち死にされたのである。殉教死である。昭和十三年末以降の革新という迫害と弾圧、世界を相手の大戦争の理不尽な要求と存亡の危機、占領下のご心労などが、真柱様のお生命を蝕んだと私は拝察するのである。

パリー大学のロングレ教授が、二代真柱様とご面会された後に私に、「真柱様は八十歳代ですか」と聞かれた。「六十歳前半です」と答えると、信じられない様子であった。普通、西欧人に較べると日本人は若く見られる。六十歳なのに八十歳代に見えるほど、ご心労下され、生命をすり減らしておられたのである。

六十三年のご生涯であったが、普通の人が二、三百年かかっても出来ない大偉業を成し遂げられた。

お出直しの最後を看取られた柏原貞夫医師（元憩の家の院長）は、涙ながら次のように話された。「真柱様のお体は、実際のお年より二十年も御高齢の御体の容態でした。非常に無理せられておつかれになっていました」と。

（『思い出』　前掲書　623頁）

藤沢桓夫氏の証言

作家藤沢桓夫氏は二代真柱様を偲んで次のように書いておられる。

中山君の人柄は、一口でいいあらわせば、あの旧制高校のよさを本当に身につけた人だった。豪快、明朗、そして友情にあつい、そういった青春時代の性格をいまにいたるまで持ちつづけてきた人だった。私とは大阪高校（旧制）の第一回生として机をならべた中だったが、「学問」というものに対する愛情、尊厳は彼の生涯をつらぬいたものだった。東大時代の恩師。姉崎嘲風先生の影響もあろうが、文化人としての態度は、実にりっぱだと思う。やはり学問、文化によほどの尊厳と愛情を持っていなければできぬことだと思う。文化人を実に大切にした。まえに亀井勝一郎を招き、天理に滞在していたこともあったが、亀井氏にとどまらず、実に多くの作家、学者が招かれて滞在し、世話になった。

しかも中山君はいわゆる文化人ズラしなかった。文化人としてのイヤミは全くなかった。庶民的で、ライラク、そして童心そのままだった。

（『産経新聞』昭和四十二年十一月十五日号）

岸勇一先生の感想

元天理大学学長、岸勇一先生は二代真柱様の追悼文を次のように記されている。

ある人が私に「真柱様という人は、とてつもない太い神経と、まことに細かい神経を持っておられる、不思議な方だ」と話されたことがありましたが、これは前真柱様が、豪放と細心、豪胆な御性格と纖細な情緒という、対象的な両資質を豊かに御一身にかね備えておられ、大きく遠く見透される適確な洞察力と共に、極めて周到緻密な御思慮をお持ちになっておられたことを指された言葉と思われます。

（『みちのとも』二代真柱追悼号　前掲書　110頁）

まさに正鵠《せいこく》をえた見方である。

二代真柱様は謙虚でかつ律儀であられた

当時の最高学府である東京帝国大学を卒業され、巨大な教団の最高の地位である真柱様であったが、実に謙虚であられた。たとえば、専門分野が異なる人に対しては、相手がどれだけ若輩者であっても師から教えを承るという態度で耳を傾けられた。それはまるで生徒が先生から教えを聞くという態度であった。

二代様は、律儀な方であった。実直な方であった。真面目な方であり、全てのことに私心を忘れ、真剣に取り組まれた。誠実な方であり、誠真実な方であった。一すじ心の持主であった。

私を捨てきり、私を無とし、空とされた。それが多くの人々にカミと映ったのである。

生き神様と尊称された二代真柱様

一九六〇年(昭和三十五年)に、二代様は、ヨーロッパとアフリカへ巡教され、マールブルク大学での第十四回国際宗教学宗教史会議とモスクワ大学での国際東洋学会にて研究発表されることになった。その時、パリー大学でフランス哲学を勉強していた私に、東京大学から留学に来ていた森洋助教授は、こう言った。「近々、天理から生き神様〈Le Dieu vivant〉」が来られるそうですね」と。一瞬私は耳を疑った。彼は本教の信者でもなく、また心から二代真柱様を生き神様と崇敬しているとは思えなかった。

しかし、どうやら東京大学で二代真柱様を知っている人は、「生き神様」という綽名《あだな》をつけていたらしい。東京大学の宗教学科長を長く務めていた堀一郎教授は『みちのとも』の追悼号でこう言っている。

（二代真柱様は）天理教では人にして神、神にして人なる象徴的存在であられたが、（中略）中山さんには宗教家にあり勝ちの臭味がなく、ときとしては真柱であることを忘れることさえあった。カリスマ的人格ということを人はよく言うが、わたくしは真の宗教的カリスマを眼のあたり見る思いで、あの天衣無縫ともいえる言動を、羨ましいとも感じたことである。生れながらの真柱であり、悟りを得たる人であった。

（『みちのとも』二代真柱追悼号　前掲書　200頁）

平沢興、京都大学総長は、二代真柱様のことを、「近くて遠いもの、遠くて近いもの、平凡で非凡のもの、非凡で平凡なもの、人であって神、神であって人」（『みちのとも』二代真柱追悼号　前掲書）と称えておられることは先に述べた。

松下電工を作り上げた（後のナショナル、今のパナソニック）松下幸之助氏も、『みちのとも』二代真柱追悼号の中で、二代真柱様が「全国百万の信者の皆様から〈生き神様〉として仰がれていた」と記されている。

お出直しを報じた、新聞記事の中に、「全国百万の信徒から、『生き神様』として仰がれていた」という記事があった。

（『大高ラガー　中山正善君追悼号』昭和四十二年参照）

しかし真柱様は生き神様などと言われることを大変嫌っておられた。そのことは次のお言葉によく現れている。

ある人が真柱などというと、もっと格式ばった窮屈な、神がかりな現人神と思っていたのに……と、しきりに驚いている。その時、私は、それはあなた方が勝手に一つの絵を描かれて、それを現実だと錯覚しているからで、私には少しも責任のないことだと言っておきました。(『六十年の道草』 道友社 昭和五十二年十一月十四日 189頁)

二代真柱様の魔力

二代真柱様は不思議な力をお持ちの方であった。ご命を受けた時、絶対に無理だと思うことがあったとしても、その人が持っている以上の能力を引き出す魔力をお持ちだった。自分でも信じられないような仕事が、二代様のご命だと出来るのである。なぜあそこまで出来たのか、全くわからない。二代様は、そういう不思議な力をお持ちの方であった。火事場の馬鹿力を引き出させる魔力をお持ちの方であった。奇蹟の人であられた。

時折、二代様の神経が全身から、ささくれ立っているかのように感じられるお姿を拝することがあった。緊張の極限の毎日をお過ごし下さっていると実感したことがたびたびあった。

大高や東大時代の学友たちが入信

家内の父親はもとはキリスト教であった。大阪高等学校（旧制）時代に二代真柱様にお会いし、東京帝国大学を卒業後は、お道に入信した。

生駒藤雄先生は自称無神論者であったが東大で二代真柱様に出会い、入信され、生涯を天理教徒として過ごされた。

入信はされなくても、真柱様の身近で常に交友を深められた先生方はたくさんおられる。天理大学でドイツ語を教えられた山口繁雄先生、日本大学教授を止めて天理大学へ来て下さった丸川仁夫先生、その他多くの東大時代の先輩、同級生、後輩の先生方が終生天理でその生涯を送って下さった。

東大工学部出身の平木一雄先生や、天文学を専攻された村上英雄先生も二代真柱様に魅了されて入信し、生涯をお道に捧げて下さった。

京都大学を卒業して、生涯天理図書館に務め、蔵書の価値を高めることに測り知れない功績のあった木村三四吾先生は、いつも口ぐせのように「わしは真柱様に惚れたのだ。もし真柱様がおられなかったら、天理図書館に勤めていない」とお話になっていた。先生はあちこちの大学からの招聘を皆断り、天理図書館の善本、貴重書収集の中心的役割を果して下さるなど、生涯を天理図書館のために尽力して下さった。

甚だ僭越ながら、これは、拙著『コンゴ河のほとりで』（私家本　昭和五十四年九月　78～83頁）の中で書いた二代真柱私観である。

国王や大統領と会われる時も、また若い学生に会われる時も、真柱様は全く同じ態度であった。へだてがなかった、実に人なつこく、いんぎんで、礼儀正しかった。謙虚であり、誠実であった。

私のような貧乏書生がぶしつけにヘラズ口をきいても、にっこりと笑って真面目に受けこたえて下さる、そんなフンイキがあった。

初めて会われる方にたいしても、全身に好意をみなぎらせ、かかえこむ様な態度で接しられるので、誰もが一目お目にかかって、一言二言言葉を交わしただけで百年の知己となったような気になるのであった。

（中略）

真柱様のご生涯は自分を捨てきり、教祖の教えを正しく伝え、拡めるために骨身をけずる苦労をされたご生涯であったと思う。布教伝道の先頭に立って体当たりで、道の開拓に生命を捧げられた。

それはまさに一瞬の油断も弛緩も許されない、弓の弦がピーンと張りつづけたようなど生涯であった。精神の緊張が極限にまで高められた、毎日毎日であった。

（中略）

真柱様の一分は普通の私たちの一時間にもあたいするほど緊張し、凝縮していた。六十三年のご生涯は凡人の三百年、四百年に匹敵するご生涯であったと思う。

（中略）

理には厳しく、仕事にたいしても厳格であった。一度やってみて出来ないと言って弁解することは決して許されなかった。二回、三回、とにかくあらゆる手をつくし、あらゆる可能性を徹底的につくさないとお許しが出なかった。

二代真柱様を訪ねて多くの著名人が来訪

二代真柱様ご在世中、おぢばにはひっきりなしに国内外の著名人が二代真柱様を訪ねてやってきた。

昭和天皇陛下は天理図書館に来訪されている。また、秩父宮殿下、同妃殿下、高松宮殿下、同妃殿下、三笠宮殿下、同妃殿下は幾度もおぢばを来訪されている。梨本宮殿下、東久邇宮殿下も来訪されている。近衛文麿首相、吉田茂首相、佐藤栄作首相もおぢばに来られ、二代真柱様がご案内されている。

仏教界では東本願寺法主大谷光暢、智子裏方や禅の大家鈴木大拙師、薬師寺管主橋本凝胤師、中尊寺貫主今東光師らがおぢばに来られている。

ヒンズー教徒のイスビ・シュブラ博士、バチカンからは枢機卿、大司教、神父が何人も来訪された。個人名を挙げれば、教皇グレゴリアン大学学長ピタウ大司教やフス教授などよくおぢばを来訪されている。

さらに海外の有名人を挙げてみる。イギリスの文明史家アーノルド・トインビー、フランスの哲学者ガブリエル・マルセル、ハーバード大学教授で神学者のパウル・ティリッヒ、オックスフォード大学のボーナス講師、ドイツのマールブルク大学へーニッシュ博士、フリードリッヒ・ハイラー博士、ベンツ博士、クラーツ博士、ウィーン大学のシュミット博士、パリー大学オングレ博士などとも親交を深められた。

国内の学者では、恩師姉崎正治博士など宗教学界の権威の多くがおぢばを訪ねている。クリスチャンであった元東京大学総長矢内原忠雄博士や京都大学総長平澤興先生とは憩の家建設の上で親交があった。

政治家や外交官にも親しい人がたくさんいた。沢田元国連大使は二度おぢばを訪ねている。厚生大臣や法務大臣、文部大臣経験者がおぢばに来ている。

海外の多くの方々もおぢばを訪ねている。例えばネパール皇太子は二度お出でになっている。ハンガリーの元首相フィレンツ・ナン博士、イラン国立博物館長、ドイツのハーベート・デイッマン大使、インドネシア大使もおぢばに来た。

有名なヘレン・ケラー女史はトンプソン秘書と共に来訪した。またアメリカ、ロックフェラー夫妻もおぢばに来ている。

作家の山本有三氏など多くの文学作家や小林秀雄氏などの文芸評論家もおぢばを訪れている。スポーツ関係者も著名な人たちが多くおぢばを訪れ、二代真柱様と歓談している。

全部を取りあげることは到底できないが、実に多くの各界各分野の有名人、要人が二代様に会うためおぢばを訪れている。国内外にわたって二代真柱様の影響力がいかに大きかったかが分かる。

(五) 思い出あれこれ

二代真柱様から頂いたお言葉

三年半の留学から帰国したが、私は住む家がなかった。二代様は、本部の勤務者の住宅である教祖殿の北にあった一れつ小路に住むよう、お許しを下さった。桜井市の自教会から通うことは出来たが、しばしば来られる海外からの来客の通訳と接待をさせてもらうには、一れつ小路は便利であった。

家内との結婚披露宴を、旧宅で催して頂いた。仲人は天理大学学長の岸勇一先生だった。二代様は私の披露宴に京都から芸者さん一人と踊り子一人を呼んで下さった。

大阪大学時代の恩師、澤潟久敬先生もお招きした。澤潟先生は真柱様に対し「あまり飯田君を使わないで下さい」と幾度かおっしゃった。私にフランス哲学の研究者として業績をあげてほしい、と希望されていたからであろう。

しかし、私はやはり二代真柱様のお役に立ちたいと思っていた。

中央公論社発行の『世界の名著』の中のベルクソンの一部の翻訳を澤潟先生が小生に任せて下さった。丁度その時、二代様の海外ご巡教のご命を頂き、小生は一行と離れてコンゴに残り、憩の家病院から派遣された、第一次医療隊の通訳として残ることになった。澤潟先生から頂いたベルクソンの翻訳を、仕事が終わった後でやったことは後に述べる。

〈閑　話〉

病弱な上、多忙な私を家内はよく支えてくれた。安月給なのに本ばかり買い、友人や学生をやたら家に招く。サラリーマンの家庭に育った家内にはさぞきつかったであろう。アフリカ・コンゴへ行く時は体調が良くないので、「あなたは必ず死ぬ、行かないでほしい」と引き止められたが、士は己を知る者のために死ぬとの覚悟で行った。お陰様で米寿まで生かしてもらっている。

コンゴへ行っている間、二代様は腰を痛めておられたのに、杖をついて二度も拙宅においで下さり、家内に「淋しくないか、不自由はないか」とお見舞い頂いたと後で聞いた。

二代様は三度にわたり小生のことを書物の中で紹介して下さっている。一つは、

今度の旅行で私が特に感じたのは、先程言ったようないろんな話もあります。又、至るところで、教会もないのに、私に親切にしてくれた人が方々にいました。パリーでは飯田君（おやさと研究所員）もいましたが……

（『真柱訓話集』第二十巻　昭和三十五年　747頁）

もう一つは、

それに桜井大教会部属の天理大学卒業生（筆者は天理大学の前身天理語学専門学校を卒業している）飯田君が親身になっての助力は、何をさておき、強くもたのもしい存在である。彼のうちわの努力で、言葉の通じぬ一行は、赤毛布《あかげっと》のお上《のぼ》りさんながらも、迷い子にならずに大道を闊歩できたわけである。

（『北報南告』道友社　昭和三十五年十月　6頁）

最後は、アフリカ、コンゴ・ブラザビル（当時の国名）政府から布教認可をとってくるようにとのご命を頂き、十一カ月目に認可をとった時である。

かくて青年達の協力が実を結び、布教公認の運びとなった事は、昨三十九年の出来事として、まことに喜ばしい事であり、ノソンガ君や高井、飯田の両君の努力を此処に特筆して、皆さんと共にその労を犒い、今後の御守護を親神様にお祈りする次第であります。

（『六十年の道草』　昭和四十年四月　160〜161頁）

神戸の兵庫教務支庁での二代真柱様

ある忘れられない思い出の一つ。

どこかからのお帰りの途中、突然神戸の教務支庁へ行くとおっしゃった。その時のお伴は私一人であった。

がらんとした広い畳の部屋の真ん中に丸い大きな机が一つ置いてあった。

障子は開けはなたれ、あたりには誰もいなかった。

二代様はその机の前に座られ、手帳に何かを書いておられた。

一時間ばかりして、何もおっしゃらず帰途につかれた。そこは昔、せつ奥様が静養しておられた所だと後で聞いた。

おもてなしの権化

二代様はお宅に訪ねてこられるお客様には誠心誠意、かゆいところに手がとどくようなおもてなしをされた。教祖がおぢばに帰ってくる人を喜ばせずには帰せないとおっしゃったことを実行しておられた。

時折、私が陪食の席で一人でのんびりと飲み食いしていると、「おい、サービスせんか、お前はお客様ではないのだ」とよくお叱り頂いた。

国内外からお客様がひっきりなしに来られる。二代様はどんなに忙しく、また疲れておられてもお会いになった。腰を痛められて歩けない時は、本を運ぶ押し車に乗って応接間に来られた。

お客様とお話されている時、ふと二代様を見ると居眠りされていることが時々あった。疲れきっておられたのであろう。

「今日は疲れているから失礼する」とか「今日は体調がよくないから代りの者が会います」とおっしゃって、お休みになられたらと思うことがあった。だが二代様は、折角わしに会いに来たのだから、会ってやらねばと思われた。あえて口はばったいことを申し恐縮であるが、二代様は人を喜ばすため、自分を犠牲にし、自分を殺して、尽された。自己犠牲をして下さった。人を喜ばすため、自分の生命を縮め、削られたご生涯であった。

おつぶやき

正月のおせちの会場を二代真柱様がご巡回されていた時である。小生はたまたまお傍にいた。

すると係員から二代様に「今西錦司先生がお玄関に来られました」という報せが来た。今西先生は、梅棹忠夫先生などのたくさんの弟子を連れてよく海外へ調査研究へ行っておられた。その資金集めに、会社の社長などを訪ね寄附を集めに廻られた。先生が受付に来られると、社長はこっそり逃げるという噂があった。

その時、二代様はぽつりとこうおっしゃった。

「彼に百万円渡しても、見返りとして戻ってくるのはせいぜい百円くらいだろう」と。

多くの学者や研究者が研究資金を求めて、ひっきりなしにお玄関へ訪ねて来られた。

コンゴの道に真剣であられた

一九六四年末コンゴへ、布教認可をとり、信者に教義を教えるため派遣されて帰国した時のことである。

「コンゴのことは海外布教伝道部長とアフリカ課長を通して聞いているが、お前から直接話を聞きたい」とのご連絡を頂いた。

三畳ほどの狭い部屋に招き入れられた。私は、この機会に思っていることを全部お話しようと思った。しかし二代真柱様は、東大の学生の時から海外へ行かれた方で布教伝道についてはたった一年程度いただけの私が、何を言っても皆真柱様はご存知のことである。あまり説教じみたことを言うと、「そんなことは知っている。生意気を言うな」と叱られることも覚悟した。二代様の怒りを買えば、天理大学から出て行くことも覚悟し思い切り話を続けた。

その内容の全体は思い出せないが、要するに、アフリカ、コンゴも、アフリカ独自の宗教―ソールシエ（黒呪術）が強いが、その一方でキリスト教、特にカトリックが強大な勢力を持っている。キリスト教がコンゴの学校の全てを経営し、フランス語を教えると同時に、キリスト教の教義を教える。その中から優秀な学生を小神学校へ入れ、さらに大神学校へ入れる。コンゴ人のカトリック枢機卿もいる。従ってこちらから布教に行く者は、フランス語はもちろん、現地語を習得すると共に、キリスト教の教義もよく学び、それと比較して本教の有難さを説かねばならない。そういう人材を育てることが緊急の課題である、などなど。

私は目を伏せて話に夢中になっていたが、ふと顔をあげて二代様を見た。二代様は正座され、頭を下げて聞いて下さっていた。それはまるで、学生が大先生から説教を聞いているようなお姿であった。

これには参った。突然、申し訳ないという感情に襲われた。お喜び頂けるような話が出来ず、ご心配をかけるような話ばかりだからである。頭を思い切り殴られたように感じた。しばらくして「もっと話を聞きたいが、おはこびがあるので失礼する。有難う」とおっしゃって部屋を出ていかれた。

偉い方ほど、謙虚だと実感した。それと共に二代様はコンゴの布教に真剣に取り組んで下さっていると痛感した。

積極的な生き方を勧められた

二代真柱様がよくおっしゃっていたことは、「あれをしてはいかん、これをしてはいかんと、ほこりを積まないようにと、消極的でがんじがらめの生き方をする必要はない」ということであった。

「思い切って、うんと積極的な生き方をして、そしてほこりを積んだら掃除をし、いんねんを積んだら、それを納消したらよい」と。

教祖のひながた通りお通り下さった

本教に対して、昭和十年頃、日本が戦争の泥沼に入った頃から、政府当局からの監視統制が厳しくなっていく。戦前、戦中、戦後と筆舌に尽くしがたいご苦労を下さった。ところがそのご苦労について、ご自身では全くお話されていないし、書かれていない。俺はこんなひどい目にあった。こんなつらい目にあった。つらく苦しかったなど、一言も申されていない。

教祖がご苦労の中、勇んで通られたように二代様もそのひながたどおりお通り下された。しかし、三代真柱様がおっしゃっているように、お宅ではよく涙を流しておられた。誰にもわからない、誰にも言うに言えないご苦労をされ、本教を存亡の危機から救って下さったのである。

陰口は一切言わず、直接本人を叱られた

ご晩年の七年間しばしばお側においてもらったが、人の陰口を言われることは一度もなかった。

直接本人に対して厳しく叱られていることは二度見た。一度はお宅の北洋間で、長年お付き合いのあったある東大時代の先輩の先生に対し厳しいお言葉で叱っておられた。

二度目は、海外ご巡教中、ニューヨークへ寄った時である。出張して来た天理大学某教授に対して厳しく叱られていた。

これは深谷忠政先生から直接聞いた話である。先生がある言葉を文章の中で使われた。すると早速真柱様から呼ばれ、「軽々しくそんな言葉を使うと教語と誤解されるのではないか」とお叱りを頂かれた。四時間の長きにわたって。

ある方からお聞きしたが、真柱様から呼ばれ大変厳しくお叱りを頂いた。ふと前を見ると火鉢の鉄製の火箸を真柱はぐいと曲げておられた。ぶんなぐられなくてよかったと思ったと。

腹の太い陽気な方

二代様は清濁併せのむ腹の太い方であった。

ある時、テレビで天理の悪口を言う某大学の教授を、天理大学に迎えようとおっしゃった。

二代様は、陽気な人、裏表のない人を好かれた。一方、陰気で一体何を考えているか腹の中が全くわからない人間はお嫌いであった。

思いやりの一例

ある外国の団体がおぢばに来られた時、二代真柱様の通訳をすることになった。その時である。同時通訳の難しさをご存知だったのであろう。

スピーチを始められる前に、私の耳にこうささやいて下さった。

「俺は勝手にしゃべるから、お前も勝手にやってくれ」と。

真柱様の思いやりと親心に胸をうたれた。

また、二代様は、たとえ若い人でも後輩でも、その道の専門家には敬意を表わされ、謙虚に耳を傾けられた。まるで師の話を聞く学生のように。

ある事で小生にお尋ねの時、「飯田先生」とおっしゃったことがある。私は耳を疑った。

自分が知らない事を学ぶ時は誰でも師として聞くというご姿勢であった。

天理教とはどんな教えかと聞かれたら

二代真柱様はいつもおっしゃっていた。「天理教とはどのような教えですかと聞かれたら、私を見て下さいといえる人間になれ」と。このお言葉は皆ご存じだと思う。

二代様は海外巡教も終りが近づき、帰国まぎわになると、そわそわされた。

もうすぐ教祖のお傍に帰れる。うれしいとその日を待ちかねておられた。

最後の陪食に出られなかった悔しさ

二代真柱様がお出直しになる前日は、小林秀雄氏がおぢばに来ていた。一緒に石上神宮へ行かれ、神宮が保存している勾玉を見て、天理参考館へ寄られ、その後お宅でご歓談され四時半に小林氏は天理を発った。

その夜、二代真柱様はイギリス大英図書館東洋部長のガードナーさんと、ネパールの王族お二人と会食された。小生にも陪食するようにご命を頂いた。ところが福岡にいる弟の事でどうしても行かねばならず、申し訳ないが失礼した。その翌日、未明に二代真柱様はお出直しになった。

天理へ帰るべく福岡市内を空港へタクシーで走っていた時である。突然二代様の面影が浮び、胸が締め付けられるような感じを受けた。ほんの一瞬のことであった。

大阪の伊丹空港から天理に着くと、改札口に池田士郎氏が立っていて、私に駆け寄り、「先生、真柱様が出直されました」と言う。

お出直しの時とタクシーでの走行中とは時間的には一致しない。しかしなぜ福岡で、一瞬であったが二代様の面影が浮び、胸が締めつけられたのだろうか。世間で言う虫の知らせなのか、テレパシィの一種なのか私にはわからない。

いずれにせよ、最後のご用に立てなかったことはいくら悔いても悔やみきれない。我が不徳のいたすところである。

常に第一線の布教師と共におられた

国内でも、海外でも、誰か布教伝道で苦労している人がいれば、必ず万難を排して訪ね、激励下さった。

『上海から北平へ』の中にも、当時の中国で苦労している布教師を訪ね、ねぎらっておられる。

ブラジルの奥地で布教している人がいると聞くと、現地の人が危険ですと止めるのも聞かず、奥地へ行き、布教師を励まされた。

他の所で書いたことだが、コンゴにいた私に筆で書いた直筆のお手紙を頂戴した。お手紙には、目を悪くして伏せっている……と書かれていた。そんな中、恐らく布団の上に横ばいになりながら筆をとって書いて下さったお手紙であろう。一部の文字が乱れて読みにくかったが、真柱様の真心を拝し、涙で読めなかった。同じ体験をされた教友は数知れず多いであろう。

頂戴したお手紙には次のように書かれていた。

五月一日より床につき／まだハッキリしません／但目鼻はつきました／長い間色々御苦労かけています／度々おたより頂き有難う／今日一録音をきゝました／フランス語がわかりませんので／残念でしたがみかぐらうたの一節／だけでも放送されたのは愉快でした／こちらマユマも元気です／ノソンガ君にもよろしく仰って下さい／目がまだ充分でないし／長らく床にあり悪筆ですみ／ません　今日も口授してたより／をしたのですが今は案外気分がよい／ので思ひ切って筆をとりました／見苦しい所おゆるし下さい／尚暑さに向ふ折御自愛の上／おつとめ下さい／ノソンガ君にもよろしく／

一九六四、六、二一　中山正善／

飯田照明様

第二部　二代真柱様海外ご巡教随行記

（一）昭和三十五年（一九六〇）の随行

はじめに

大阪大学文学部哲学科の恩師、澤潟久敬先生や天理大学宗教文化研究所長、諸井慶徳先生からの熱心なお勧めで、アメリカのシカゴ大学及びニューメキシコ大学を経て、パリー大学（ソルボンヌ大学）哲学科の聴講生となったのは、昭和三十四年の十月であった。澤潟久敬先生のご親友で東京大学の美術史の権威、吉川逸治先生が館長をしておられたパリー大学都市の日本館（通称薩摩館）に住まわせて頂き、その上大学食堂が自由に利用できるエチュディアン・パトロネ（政府が保証する学生）にして貰った。こうして長年の念願であったフランス哲学をパリー大学で勉強することになった。

パリー大学へ行くため、アメリカ経由という方法を採ったのはブルシェというフランス国費留学生に選抜される可能性は極めて小さく、殆ど不可能であったからである。大阪大学を卒業後、東京の日仏会館で二年間フランス語や哲学を学んだが、東京には中学からフランス語を教えている暁星中学があり、また戦争中は海外留学が中断されていたので、フランス語がよくできる人がたくさんいて、ブルシェに合格する可能性は極めて小さかった。そこで知り合いが住んでいるアメリカを経由して渡仏する道を考えた。

母が、シカゴ在住の藤本という人が帰国されていた時、保証人を探して下さるよう、お願いしてくれた。幸いにも藤本さんのご子息がアルベルト・アインシュタイン医科大学の教授をしておられ、この方が身元保証人になって下さったので、渡米のビザを申請した。神戸のアメリカ領事館へ幾度も通ったが、領事は中々ビザを出してくれなかった。根気よく足を運んだので根負けしたのか、遂にビザを出してくれた。

渡米前、諸井慶徳先生は小生を真柱様へ御挨拶に連れて下さった。「しっかりやれ」と激励のお言葉を頂いた。二代真柱様にお目にかかったのはこれが初めてである。

こうしてまず、シカゴ大学の哲学科に入学した。ところがシカゴ大学哲学科は、論理実証主義派であり、全く興味も関心も持てなかった。冬は零下二〇度の寒い日が続いた。

ある時、大学の掲示板にニューメキシコ大学が大学助手を募集しているとの公告を見た。早速応募したら受け入れてくれた。そして一年間、ニューメキシコ大学哲学科の大学院生兼助手にして貰った。月給は二百ドルで、仕事の内容は先生方が毎週実施される小試験の採点であった。哲学科長アレキサンダー博士もベイム教授も私を大変可愛がって下さった。そして任期が終わりに近づいた時、両教授は是非アメリカの大学で博士号を取り、一緒に教えようと勧めて下さった（私は旧制度の大学卒のため博士号は持っていなかった）。ご好意は有難かったが、私の究極の目的はフランス哲学の勉強である。ご好意に応えられずロスアンゼルスに出て、伝道庁に居候し渡仏の資金を稼いだ。そして大西洋を渡り、やっと念願のフランスにたどり着いた。

二代真柱様をパリーでお迎え

昭和三十五年（一九六〇年）の四月、諸井慶徳先生から一通のお便りを頂いた。そこには、近く二代真柱様の随行としてそちらへ行くが、体調が優れないのでどうぞ宜しくと書いてあった。

私たちが知っている諸井先生のご活躍ぶりはまさに超人的であった。どこからあのようなエネルギーが出てくるのかと、中島秀夫先生らとよく話し合った。何か秘密のエネルギー源でも持っておられるのではと噂をしていた。

ある時、先生は私に向かってこうおっしゃった。「わしはいつも頭の中で六つのスイッチをぐるぐる回している」と。確かに先生は教会本部准員としてのご用の他、山名大教会長としてのご用、天理教校長としてのご用、天理大学宗教学科長、おやさと研究所長（以前の宗教文化研究所長）、日本宗教学会理事としても活躍されていた。その暇々に教義学や宗教学、哲学などあらゆる分野や他宗教の研究に心血を注いでおられた。

先生は親神様、教祖の御教えの卓越性を世界に認識させたいと激しい熱意をたぎらせ、夜寝る時間をお供えし、骨身を削り生命をすり減らす、まさに血みどろの毎日を送っておられたのである。その疲れが出てきたのであろう。先生の筆舌に尽くしがたい猛勉強ぶりについては省く。ただ一つだけ。東京大学に提出された文学博士論文執筆中は横になって寝ることをせず、疲れたら布団を積み、それに凭れて仮眠をとられたとか。

フランスご滞在中のこと

二代真柱様は昭和三十五年、欧米各国とアフリカ諸国、東南アジアを歴訪され、ドイツのマールブルク大学で開催された第十回国際宗教学宗教史学会と、ソ連のモスクワ大学で開催された第二十五回国際東洋学会議で研究発表をされた。この時の随行員は岸勇一天理大学学長、諸井慶徳先生、木崎國嘉大阪赤十字病院内科部長と中山睦信氏であった。丁度フランスで柔道指導をしておられた粟津正蔵氏とオルリー空港でお迎えした。

当時日本からヨーロッパへの航空便はまだソ連の上空を飛ぶことができなかったので、羽田からアラスカのアンカレッジへ行き、そこから北極圏上空を通ってヨーロッパの空港へ着く。約十七時間の旅である。

パリーのホテル、ロワイヤル・モンソーへ到着された一行は、それぞれの部屋に入られた。みんな長旅と時差ぼけで疲れ切っておられた。旅慣れをしておられる真柱様は、ホテルに着くなり外出すべくフロントへ降りてこられた。ところが他の方々はなかなかフロントへ降りてこられない。二代様はフロントからそれぞれの部屋に電話しようとされたが、受付係は日本名がよく聞き取れないのでさっぱり連絡が取れない。私はこれはまずいと思い、階段を駆け上がって、「真柱様がフロントでお待ちですから急いでください」と言って回った。皆さんがフロントに集まったのはホテルについてから三十分ほどたってからだった。ホテルのロビーで皆さんは二代様から厳しいお仕込みを頂いた。「ホテルに入ったらすぐに部屋の番号を知らせ、連絡できるようにしておけ。これから三カ月を超える長い旅をするのであるから、団体行動をするのに一番大切なことは、お互いにすぐに連絡が取れるようにしておくことである」と。

粟津正蔵さんも私も皆さんと一緒に直立不動の姿勢でお仕込みを頂いた。

諸井慶徳先生のお涙

パリーに着かれて二日目のことである。諸井先生から「飯田君、ちょっと来てくれ」と部屋へ呼ばれた。先生はパリーに着かれた時から憔悴した様子で、食べられないし夜も寝られなかった。折角随行員として来たのにこのままだとお役に立てない。申し訳ない。それがつらいと涙を流された。

私は大きなショックを受けた。お手紙を頂いていたのである程度は予想していたが、これほど身体が弱っておられるとは思っていなかった。私は先生に「お身体が大切ですからどうかお休み下さい。私が代わりにできることはさせて頂きますから」と申し上げた。先生のトランクの一つには、これから真柱様ご一向が訪ねられる国々の言葉の辞書がぎっしり詰め込まれていた。それなのに何のお役にもたてないことを申し訳なく思われるお涙であった。

先生は一行から分かれ、パリーで休まれることになった。パリーでの先生の闘病生活は約四十日続くことになる。二代様から「諸井をよろしく頼む」とのお言葉を頂き、お世話をさせてもらったが、毎日薄氷を踏む思いであった。

〈閑　話〉

先生がパリーで流されたお涙について拙著『コンゴ河のほとりで』（昭和五十四年九月私家本）では次のように書いている。

諸井先生の秀麗なお顔をぬらした涙は、巨岩にも比すべき最も優れた先生の精神を責任感という圧縮機で絞り出した珠玉のお涙であった。パリーの宿舎で疲れ果てた身体を横たえて流された涙……真柱様一行をお見送りに行ったオルリー空港の見送りカウンターで「申し訳ありません。」と言って流された涙。あの涙には先生の信仰と教学のすべてが結晶されていると思う。あの様な悲痛な、そして純粋な、そして熱い熱い真実な涙を二度と見ることはないであろう。（17頁）

ルールドご案内の失敗

二代真柱様はカトリックの聖地ルールドを訪ねたいと強く希望され、私がご案内することになった。ルールドはスペインとの国境に近いピレネー山脈のそばにある。少女ベルナデットの前に聖母マリアが現れ、指さしたところから霊泉が湧きだした。それを飲んだり、浴びたりすると奇蹟が起こり、重病人が治るというので世界中から重症患者がたくさん訪ねてくる有名な聖地である。

私はまだ一度も行った事がなかった。時刻表を見るとパリーから飛行機が一日一往復している。時刻表を詳しく見ると、ルールドには三時間くらい滞在出来そうだった。その日の夜はフランス柔道連盟から真柱様への招宴が予定されていたので、朝出て夜の便で帰る計画をたてた。

ところがいろいろ手違いがあり、ルールド滞在時間が極めて短くなった。空港にはタクシーはなく、バスに乗ったが運転手が乗客一人ひとりに切符を売る。じつにゆっくりとしている。それでかなり時間をくった。走り出したらすぐに着いた。

まず、聖母マリアが現れたという洞窟へ向かった。たくさんの重病人を車椅子に乗せ、介護者が聖歌を歌いながら行列をつくり、洞窟に向かっていた。道路はそういう巡礼者でいっぱいであった。

やっと洞窟の前にたどり着いた。真柱様はそこで長い間凝然と立ちつくされていた。私は帰りの飛行機の時刻が気になって仕方ない。そこで思い切って真柱様に「お急ぎ下さい」と申し上げた。すると真柱様は「急がすな」とおっしゃって動かれない。洞窟の前でじっと立ちつくされている真柱様の胸中にどのような想念が渦巻いていたのか、知るよしもない。私はただ帰りの飛行機に遅れてはということで頭がいっぱいであった。

随行の先生方に二代様を置いて先に行って下さるようお願いした。後ろを見ると、二代様はゆっくり歩き出された。

空港へ行こうとしたら二代様は「ここに地下大聖堂があるはずだ。そこへ案内せよ」とのお言葉である。そして「お前知っているのか」とおっしゃる。「私は知りませんが人に尋ねます」と申し上げ、やっとそこへお連れした。「下見したのか」とおっしゃる。していない、と言うより、その頃私は日本から来る観光客を案内し、その案内料一日一ドルで生活していたので下見に行く余裕はなかった。そのためぶっつけ本番の案内で心残りの多い旅になってしまった。

折角ルードに行ったのに、ゆっくり見物出来なかったことについて、二代真柱様は『北報南告』（道友社　昭和三十五年）の中で、「ピレネー山麓のルールドという霊場を訪れる。一日一往復とかにて慌ただしいルールド詣でとなり、後ろ髪を引かれる思い」と書いておられる。

二代様はその後、アイルランドへ行かれ、そこからまたルールドへ行こうとされた。しかし、重病人を連れた巡礼者でホテルが満室で諦められたとか。奇蹟的に治り、要らなくなった松葉杖が洞窟の岩場にたくさん吊してある前で立ちつくされていた二代様をせかせ、心残りの多い案内となり誠に申し訳ないことだった。

数年後、私は中山善衞三代真柱様の随行で再びルールドを訪ねることになった。この時はパリーにいた鎌田氏や田中氏が案内してくれた。やはりルールド市ではホテルがとれず、少し離れた町で一泊した。天理に柔道修行していたボルドー出身のシュードル氏やパリー大学医学部附属病院（ホテル・ド・デュ）で研修中の弟、彰が会いに来てくれた。

二回目のルールド訪問であったが、私としては二代様の訪問時のことがしきりに思いだされた。聖母マリアが出現したと言われる洞窟の前で凝然と立ち続け、動こうとされなかった二代様のお姿を思い、真柱様が心残りに思われるような案内だったことを悔いた。宗教的聖地にみなぎる神秘的霊気を、全身で感受されたと推察させて頂くのである。凡人にはその霊感の深さ重さは測り知れない。

諸井慶徳先生へのお心遣い

二代様はパリーのゲットナー書店へ行かれた。また、七月十四日のパリー祭を見物された。私は諸井先生のお世話のため同行出来なかった。

七月十四日の夜、ご一行はオランダへ出発された。その時二代様は私に向かって「諸井をパリーに残しておく。宜しく頼む」とおっしゃった。『北報南告』には「身上すこやかでない諸井を残したのが残念でしたが」と書いておられる。

諸井先生も真柱様をお見送りしたいと空港まで行かれた。そして先に述べたように、出発ロビーで「お役に立てず申し訳ありません」と涙ながらに詫びられた。多くの乗客が行き交う空港ロビーで、人目を憚らず泣いてお詫びされる諸井先生の責任感の人一倍強く、誠真実のお姿は目に焼き付いて離れない。真柱様は諸井先生の身上を大変心配され「パリーは騒々しいところだから静かなオランダへでも行って静養したら」と優しくお勧め下さった。

オランダには天理大学の中村孝志教授が先に来ておられた。二代真柱様一行に遅れてオランダに着かれた諸井先生は、有名な古書店ブリルに行くことを楽しみにしておられた。ところが突然、大畠清先生が訪ねて来られた。諸井先生は私に「君、大畠先生を案内してくれ」とおっしゃる。オランダ行きも結局諸井先生には全く静養にならず、パリーに戻られた。

イギリスでさんざんな目に会う

二代様はまた諸井先生に、折角ヨーロッパに来たのだからイギリスへ行ったらどうかとお勧め下さった。しかし、諸井先生は自分はあくまでパリーにとどまり各地を巡教されている二代様ご一行の連絡役を務めたいと思われた。そして出来たら、マールブルク大学で行われる学会で研究発表をしたいと思っておられた。

しかし、先生の食がだんだんと細くなっていく。身体も日一日と弱っていかれるのがよく分かった。

二代様のお勧めもあり、思い切ってイギリスへ行かれたら、ひょっとしたら気分転換になりお元気になられるのではと思い、私も「先生、ナポレオンもヒットラーもとうとうドーバー海峡を渡れませんでした。思い切ってイギリスへ行きませんか」とお勧めした。やっと重い腰を上げ、イギリスへ行く決心をして下さった。しかし折角お連れしたのに先生には全く何の収穫も実りもない旅になった。

有名なオックスフォード大学やケンブリッジ大学へ行くことは行ったが、外から建物を眺めるだけだった。

大英博物館を訪ねた時である。どういうわけか一番先にはいったのがエジプトのミイラが展示してある部屋であった。先生は部屋に入るなり、気分を悪くされ、あわてて飛び出された。そして他の展示を見ずホテルに戻った。

〈閑　話〉

ミイラとは人間の死骸を乾燥させたものである。言わば死骸の乾物である。それを見世物にしているのである。余談であるが、暗殺されたエジプトのサダト大統領はミイラの展示と公開を禁止したことがあった。人間の死骸を見世物にすることは死者への冒涜であり、人間の尊厳性をないがしろにすることである。サダト大統領の見識と決断は立派だと思う。

イギリスに渡ったが諸井先生の食は細くなる一方である。何か食べて下さるものはないかと街を歩いていると、カレーライスの店を見つけた。ところが店員はそのカレーライスを広げた新聞紙に包んだ。ホテルに戻りこっそりとお皿に移してだしたが、一口、二口、口をつけられただけであった。幸い日本の大使館に勤務していた天理大学出身の打尾茂氏に頼んでお米と味噌を貰い、それを食べて頂いた。惨憺たるイギリス訪問となり、お勧めしたことを後悔した。

諸井先生お一人で帰国

木崎ドクターは諸井先生の様子を見て、パリーに到着早々に帰国させたほうが良いと真柱様に進言されたとか。しかし、二代真柱様としては「帰れ」と言うと責任感の強い先生がショックを受けられるだろうとの思いから、それを中々言い出せないでおられた。諸井先生も自分から帰りたいとは言えない。何の役にも立てないが、さればとて帰国もできない。先生のお身体の様子は日一日と悪くなっていった。そこでついに私は、チェコスロバキアのプラハに滞在中の真柱様に諸井先生の容体を電話でお伝えした。すると二代様から「君も一緒について諸井を日本に連れて帰ってくれ」というお言葉を頂いた。

先生のお伴をして一緒に帰国しようとした。ところが先生は「君は残って私の代わりに真柱様のお世話をしてほしい。私はひとりで帰る」とおっしゃる。仕方なく、日航のパリー支店へ行き、事情を話して頼むと「よく分りました。他にも同じようなケースがあります。十分注意して日本へお連れいたします」と言ってくれた。

先生を乗せた日航機が空の彼方に飛び立った時、胸がいっぱいになり涙が出た。そして疲れがどっとでた。毎日毎日、崖っぷちを歩いているようだった。

パリーからモスクワへ

フランス柔道連盟会長ボネモリ氏は、よくおぢばに来ていた。先に述べたがルールドへ行った日の夜、連盟主催の招宴があった。場所はノートルダム寺院近くにある有名な高級レストラン「ツゥール・ド・ジャルダン」であった。

パリーで一日一ドルの貧乏暮らしをしている小生には、まるで夢のような豪華なご馳走であった。小さくなっていた胃袋には到底入りきらない。食後にでてくるチーズの種類の多さと分量には驚いた。ちなみにこのレストランは来店記念品としてガラス製の鴨の人形を土産にくれる。そこには通し番号が打ってある。余計なことだが、何でも昭和天皇がお若いころに訪ねられた時の番号と戦後二度目に訪ねられたときのでは二十万台に増えていたという。

それとは正反対の貧しい学生たちが行く中華料理店へ粟津氏が二代様をお連れになった。

パリー大学（ソルボンヌ大学）の近くにあり、昔、横浜にいた中国人が日本人客に味噌汁を出してくれた。小さな店ではトイレは地下で、肥えた人なら腹がつかえるくらいの細い螺旋状の階段を下りていかねばならない。二代様もさぞ窮屈な思いをされたであろう。しかし真柱様は大変喜ばれ、上機嫌であった。

昭和三十五年（一九六〇年）、八月十一日、ソ連のモスクワ大学で行われた第二十五回国際東洋学会議で「天理教にあっての女性の立場について」というテーマで研究発表をされた。真柱様は血圧が高く、木崎國嘉ドクターが代読された。木崎ドクターはノモンハン事件の時、軍医として従軍されていたのでロシア語が堪能であった。もう一人の随行員であった天理大学学長岸勇一先生は、戦前朝鮮半島のある県の知事をしておられたため、敗戦後シベリアで過酷な収容所生活を送られた。そのせいか、一行がモスクワ空港に到着された直後からソ連のエージェントが一行を尾行した。

二代真柱様はモスクワでの印象について一言、「陽気ぐらしからほど遠い所」と申されたと側聞した。

第十回国際宗教学宗教史会議でご発表

心ならずも病気のため帰国された諸井慶徳先生の代わりに、マールブルクで二代様ご一

第十回国際宗教学・宗教史学会長、F・ハイラー教授と質疑応答される。（『北報南告』より転載）

行のお手伝いをするためパリーから汽車で向かった。

フランクフルト空港には、ご一行を迎えるため東京大学の古代イスラエル史専門の大畠清先生と、マールブルク大学で日本学を教えておられるホフマン博士が来ておられた。

真柱様ご一行が出口から姿を現された時は驚いた。揃いの白いダブルの洋服を着ておられたが、汗と垢で首筋や洋服のあちこちに褐色のしみがついていた。洋服をクリーニングに出せないほど忙しい旅を続けてこられたのであろう。この異様な洋服の一団に、空港にいた人たちは驚いたに違いない。

ホテルは、マールブルクの城と反対の

丘の上に建つクールホテルであった。そこから市内がよく見えた。私だけは戦争未亡人と子ども一人が住む貧しい民家で民宿した。そこからホテルまで歩いて三十分かかった。

学会の会長はフリードリッヒ・ハイラー教授であった。大会の事務局の受付に行き、二代様の参加申し込みをした。今まではどこの海外の国際学会でも二代様の肩書きを、パトリアーチ（大司祭）という称号を付けた。しかし、この度の学会では初めて「真柱中山正善」という名札を作ってくれ、二代様は大変お喜び下さった。

学会側は、病のため途中で帰国された諸井慶徳先生発表予定の論文を受け取り、学会の紀要に掲載してくれた。私の名前も参加者の中に記入してくれた。

三笠宮崇仁殿下は、この学会の名誉総裁として参加された。ドイツ連邦政府は天皇陛下の弟君（カイザリッシヒ・ホッホハイツ・プリンツ・ミカサ）に敬意を表し、専用車を三台提供してくれた。ところが日本政府からの随行者は宮内庁の職員と外務省の役人の二名だけであった。私たちは空いている三台目によく乗せて頂いた。

マールブルクの町の人々も、私たちを殿下の随行員と思ったのか大変親切であった。例えば夜、ビヤホールへ入るとみんなが立って席を譲ってくれた。当時はまだ第二次世界大戦中、同盟国だったことを知っている人が多く、親日的であった。

二代真柱様は何事についても良心的であり、謙虚であり、真剣に取り組まれる方であることを今回の研究発表でも身近に拝した。

二代様は自分の研究発表が果たして学問的価値があるのか、学会の権威を傷つけることにならないかと心配された。やたらに自説を主張し、他人の言っていることを聞かない人とは正反対の、常に自己を厳しく反省し、他者の見解や意見を謙虚に聞くというご姿勢をお持ちであることを強く感じた。

この学会へは、日本を代表する宗教学者や宗教界の大物がたくさん参加されていた。もちろん二代様がいつも親しくされていた東大の先輩、同輩、後輩、仏教やキリスト教研究の大家も大挙して押しかけた。

真柱様のお部屋へはそうした方々がひっきりなしに訪ねてこられ、二代様と談笑されていた。まるでおぢばのお玄関がマールブルクに引っ越してきたかのような有様であった。

真柱様はホテルの部屋に訪ねて来られる方に対し、「発表して良いか、どう思うか」と聞かれる。みんなは「是非、発表して下さい」とお勧めになる。私にも「お前はどう思う」とお尋ね頂いた。私は「真柱様の英語は正確で聞きやすく、声量があるので通じます。是非発表して下さい」と申し上げた。事実、おぢばを訪ねてこられるお客様と英語でお話になるのを何度も聞いたが、大変お上手であった。

一旦やるとお決めになると、それこそ真剣に発表準備に取り組まれた。私を前に座らせてペーパーを読み出された。最初は正直言って決して流暢《りゅうちょう》と言えず、ぎこちなかった。練習中のお部屋へたまたま木崎ドクターが入って来られ、「真柱様、それはこう発音するのと違いますか」と言われた。すると二代様は「出て行ってくれ」とおっしゃり、「飯田、お前はどう思う」と尋ねられた。私はとっさに「英語にもキングス・イングリッシュもあれば、アメリカ風の発音もございます。真柱様のはキングス・イングリッシュですので結構かと思います」と申し上げた。

二回、三回と読み通されているうちにだんだんと調子が出てきて、流暢な英語になっていった。やはり頭の良い方は違うなと思った。

真柱様の血圧は一向に下がらない。長いハードな旅のお疲れが出たのであろう。二代様は善衞様（三代真柱様）にお電話され、「学会が終わったらアフリカ行きを止めて帰る」と話されているのがたまたま近くにいた私の耳に入った。

ご発表の前夜、中山睦信先生は自分のベッドを二代様にくっつけ、一晩中眠らず、二代様にマッサージをしておられた。私も自分の下宿に戻る気がせず、お部屋の一隅で泊まることにした。床は絨毯のない木の床であった。洗面所からバスタオルを持ってきて床に敷き、レインコートを被って寝た。その晩は夜中の二時頃まで寒くて眠れず、風邪をひいてしまった。

いよいよ大会が始まった。三笠宮崇仁殿下が開会の挨拶をされた。すぐ近くで見ていたが、やはり緊張で原稿をお持ちの手がかすかに震えていた。続いて大畠清東大教授がヘブライ語で挨拶をされた。大講堂にはいっぱいの人が詰めかけていたが、先生の声が小さく、後ろの方に座っていた私にはよく聞こえなかった。

次の日から各部門に分かれて研究発表が行われた。二代真柱様の研究発表は大成功であった。

ご発表について、私は拙著『コンゴ河のほとりで』の中でこう書いている。

　発表は大成功であった。正確で明快な論旨と朗々たる発声、堂々たる態度は全堂を圧倒する感があった。真柱様の貫録である。意地悪な質問をしたストラーレン師に対して出席者の中から、その質問はあまりにも自分中心で護教的すぎるという抗議が出され、壇上の真柱様そっちのけにして参会者の間で激しい議論が続くという場面もあった。

　このように司会をしたヘーニッシュ教授ほかの人たちからストラーレン神父への厳しい批判の声が上がり、真柱様は檀上でみんなの論争を複雑な表情で聞いておられたのであった。（21頁）

〈閑　話〉

ファン・ストラーレン神父は、『天理教　神的知の宗教―日本の最も強力な宗教活動』というタイトルの本教を批判した本を出版している。副題の「日本の最も強力な宗教活動」というのを見て、本教を高く評価していると皆が思った。だが内容は真逆なもので、日本で最も強力な宗教活動をしている天理教はカトリックと較べるとこんなにつまらない教えだと散々けなした内容である。カトリックが最もすぐれた教えだという主張が鼻につき、参加した宗教学者の反発をかったのであった。

諸井慶徳先生はこの本が出た直後、直ちに邦文と英語で反論を書かれた。私も私家本『お道の弁証』の中で反論している。しかし、単行本でもっとしっかりした反論本を出す必要がある。このストラーレン神父の本は、英語圏の人たちに本教について大きな誤解を与えている。諸井先生がして下さった反論や拙著以上にもっと徹底した反論本を作り、全世界へ発信しないと、本教の海外伝道の大きな障害となると思う。

三笠宮殿下にご紹介頂く

マールブルクで真柱様は私を三笠宮殿下の席へ連れて行って下さり、「彼は飯田と申します。ソルボンヌ大学でフランス哲学を勉強しています」とご紹介下さった。マールブルクではよく連邦政府が提供した三台目の車に乗せてもらったことは先に述べた。

帰国後、三笠宮殿下が天理大学の宗教学科（三、四回生）と教校本科生へ集中講義に来て下さった時は、私も聴講させて頂いた。二代真柱様も学生と共に聴講しておられた。

三笠宮様は敗戦後、東京大学で古代オリエント史を学習された。そしてこの分野の権威となられ、フランス・アカデミーの会員にもなられた。

講義は明快で、二年に一回であったが、小生は始めから終わりまで聴講させて頂き、古代オリエントについて貴重な知識を与えて頂いた。学恩を心から感謝している。講義が終わると必ず「熱心に聞いて頂き有難う」とおっしゃる。私など言ったことがない。恐縮至極である。

カトリック図書専門出版社ヘルダーを訪ねて

研究発表が大成功であったので真柱様は血圧も下がり、お元気になられた。マールブルクを発ってボン、フライブルク、チューリッヒ、フランクフルトと各地を回られた。

天理外語出身で朝日新聞のドイツ支局長をしていた東野さんのフォルクスワーゲン（通称兜虫）で回った。真柱様とご一行三名、それに私と荷物を小さなワーゲンに積む。よくぞこれだけの人と荷物が入るものだと感心した。

有名なカトリック本の出版者ヘルダーへ行く前夜、真柱様から社長がおられるか尋ねよとのご命を頂いた。まず、英語で電話したが通じない。次にフランス語でも通じない。仕方なしにドイツ語で尋ねたら早口で返事がきたが、よく分からない。「ビッテ　アインマール（もう一度よろしく）」と四、五回繰り返すうち、何となくおられないという印象を受けた。二代様に「今日は会社にはおられないそうです」と申し上げたが、ともかく明日行ってみようということになった。

会社に着くと、ヘルダー社長が迎えて下さった。何でも社長はその晩は二代様がお泊まりの同じホテルに宿泊しておられたのであった。ドイツ語の更なる学習を痛感させられた。

〈閑　話〉

ヘルダー社長秘書の若い人が突然私にこう質問した。「あなたは我々ドイツ人の欠点を何だと思うか？」と。私は返事できないでいたら彼は、「我々ドイツ人はあまりにもプライドが高過ぎることだ」と言う。同じ敗戦国でも日本人と大きな違いがあると感じたことであった。

真柱様の海外ご巡教の随行の先生方のご苦労の一端を紹介する。

岸勇一先生は、夜どんなに遅くなっても、必ず汚れたワイシャツなどを洗濯される。そのため睡眠不足でいつも目が赤く充血していた。

一方、木崎ドクターは睡眠のほうが大事だと、汚れたワイシャツや下着は日本へ送り返されていた。

マールブルク大学の医学部が木崎先生を三笠宮殿下の侍医と勘違いし、大学医学部に招いた。医学部長以下医師が病院の前に立って出迎えた。そこへよれよれのワイシャツを着た木崎ドクターが現れた。さぞ、マールブルク大学医学部のドクターたちは驚いたことであろう。よれよれの汚いワイシャツを着て行かれた木崎ドクターも大した方である。さすがノモンハン事件の生き残りである。

真柱様からお礼を頂く

真柱様一行がいよいよパリーを発たれる日が来た。二代様はエレベーターの中で「お世話になったな」と仰せになり、二百ドルを差し出された。私は「親父から、ご本部からお金を頂くとバチが当たると教えられています」と申し上げた。二代様は「バチに当たってくれ」とおっしゃって百ドル札を二枚出された。有難く頂戴した。二百ドルは私にとって二カ月分の生活費であった。

パリーで

私ごとで恐縮だが、マールブルクでひいた風邪が全く良くならない。病院へ行く金もないし、外へ食べに行く元気もない。缶詰をたくさん買ってきて、枕許に積み寝ていた。世話をしてくれる人は誰もいない。近くにいる日本の留学生からすれば、パリーに来るのに膨大な費用がかかる。人の世話をする余裕もないという人が多かった。

マールブルクの学会に参加された大阪市大の諸戸素純先生が、パリーを案内して欲しいとおっしゃった。無理して出かけたが、半日で疲れ果て、申し訳なかったが帰って寝た。当時私は三十一歳だったが、諸戸先生は「君は四十五歳くらいか?」と言われた。

熱が一向に下がらないので、日本から持ってきた解熱剤とフランスの薬局で買った解熱剤を一度に大量に飲んだ。すると急に全身に発疹が出て、胸が締め付けられるように痛んだ。あまりの痛さなので階段を登り、私の部屋の真上の階に居住していた慶応大学医学部卒のドクターの部屋に倒れ込んだが、そのまま意識を失った。

どれくらい経ったのかは全く分からない。ふと意識を取り戻し、目をあけたら、そのドクターが恐ろしい顔をして私の顔を見下ろしていた。血圧も50まで下がっていて危なかったが奇蹟的によみがえった。

あとで聞いた事だが、日本館の吉川逸治館長は日本館から葬式を出さねばならないかと覚悟されたとか。これが、仏教でいう三途の川から引き返してきた、第一回目である。

帰　国

当時、海外へ留学することは至難のことであった。一度日本へ戻ったら二度と来ることはできない。あと一年フランスにいて、出来ればドイツに行って勉強したかった。しかし、このピリン系風邪薬でショック死寸前までになったことが帰国を決意する直接の動機となった。アメリカ時代を加えると、三年半の貧乏留学で身体がすっかり弱っていた。ある留学生から「君は生きて日本へ帰れるかね」と言われたことがあった。

帰国するにも旅費がなかった。

諸井先生から、もう帰ってきてはどうかというお手紙と帰りの旅費を頂いた。

当時、フランスのマルセイユ港から日本の横浜へメッサジェリー・マリチウム社の貨客船が月一度運行されていた。三等だと十万円ちょっとであった。四等もあったがこれは兵士を運ぶためのもので、荷物を積んだ後、蓋をし、その上に仮設ベッドを置いて寝る。食事は立ち食いである(文化勲章を貰った作家、遠藤周作氏も四等で渡仏している。これだと片道五万円である)。

三等客室は九人部屋であった。三人ずつの段々ベッドがおいてあり、丸窓はほとんど吃水線すれすれであった。船客の中には、パリーのムーランルージュで公演した矢田ダンサーズ一行が乗っていた。荒木又右衛門十代目とか、若い踊り子がたくさん乗っていた。中には通産省の課長クラスの人も乗っていたが、追加料金を払って三等へ移ってきた。

食事はいつも焼飯で野菜類はほとんど出なかった。そこで、寄港地で積荷の入れ替えの間、二、三日は上陸して果物を買って食べ、ビタミンCを補給した。

船はマルセイユからアレキサンドリアへ寄港した。スエズ運河を通る間、上陸しピラミッドを見物した。それからコロンボ、ボンベイ、シンガポール、サイゴン、香港、そして神戸、横浜と一カ月の旅である。

途中寄港したサイゴンは、南北ベトナム戦争の直前であった。サイゴン市の道路を政府が主導するデモ隊が通るのを見た。アオザイを翻して行進していた人たちは、その五年後どうなったのであろうか。胸が痛む。

船旅中の思い出はいろいろあるが省略する。ただ一つ、フランスから日本への重要な戦略拠点はサイゴンを除いて全て大英帝国が押さえていたことである。この時、シンガポールにはまだイギリス兵がいた。

神戸には兄が迎えに来てくれていた。一等室へ行って探したが見つからない、と言った。

帰国の際、二代真柱様から持って帰ってくれとお預かりした参考館行きの品、数点をトランクに入れていた。税関員がトランクを開けると、くたびれた夏の背広やよれよれの下着、それに本が出てきた。税関員は一見するなり、O・Kと言ってトランクの蓋を閉めた。何も隠すつもりはなかった。傷まないようにトランクの中に下着などに包んで入れていただけである。

神戸から電車でおぢばへ向かった。途中、電車内で気分が悪くなった。

親神様、教祖、御霊様に帰国の挨拶とお礼を申し上げた。その後、天理本通りの成駒屋で食べたきつねうどんのおいしかったこと。三年半ぶりの日本の味である。当時は一杯三十円であった。

（二）昭和三十六年（一九六一）六月の随行

ギリシャのアテネへ

三年半の留学から帰国して二カ月たった昭和三十六年六月のある日、真柱室から来るようにとの連絡があった。室長の堀越儀郎先生から次のようなお話があった。

この六月に、ギリシャのアテネでＩＯＣの総会が開かれ、柔道がオリンピックの種目に入るかどうか決る大事な総会である。講道館長嘉納履正氏から、ＩＯＣの会長アメリカのブランデージ氏とはかねてから親交があった二代真柱様にぜひアテネに行ってほしいとの要請があった。貴君も一緒に行ってもらいたい、というお話である。

想像もしていなかった、思いがけないお話に驚いた。三年半の貧乏留学の疲れがまだ十分回復していない。身長は百七十五センチあるが、体重はわずか五十三キロ。ガリガリに痩せている。二代真柱様の海外巡教の大変さを知っているので、果して自分がその大役が務まるか心配であった。

堀越先生はそっと私に、「これは怒れる獅子もおとなしく眠る妙薬です」と言って小さな薬袋を渡された。有難く受け取ったが、結局は使わなかった。恐れ多くて使えなかった。

家では親も会長である兄も、「お前はどうなってもよいが、真柱様に万一のことがあってはならない。十分気をつけ、気をひきしめて行くように」と言われた。言われるまでもないことである。

アテネへ行く一行の壮行会が講道館で行われた。一行には若い柔道選手二名が同行し、現地でデモンストレイションをすることになった。日大の古賀武君と天理大の遠刕信一君である。

ＩＯＣの総会が開かれる前に、二代様は、全日本柔道連盟から頼まれて、欧州訪問親善使節団の一員として、ヨーロッパ各地を歴訪されていた。

パリーのオルリー空港には、天理大学のフランス語学科の浅見教授と、フランス柔道連盟の要請で柔道の指導に来ていた古賀正躬さんが出迎えに来て下さっていた。

パリーでは、ロシアの元貴族でフランスに亡命しておられた日本学の権威エリセーエフ教授のお宅を訪ねられた。そして一緒にバスに乗って、チェルヌスキー美術館へ見学に行かれた。この美術館とギメー美術館は、パリーにある東洋美術館として有名である。ちなみにエリセーエフ教授のご子息はハーバード大学の日本学の教授をしていて、真柱様とも交流があった。ライシャワー博士はエリセーエフの弟子である。

ユングフラウ・ヨッホへ登山

真柱様はアテネへ行く前に、古くから親しくしておられたスイス駐在の日本大使木村四郎七様を訪ねられた。木村四郎七大使は奈良県の五條出身であった。大使の熱心なお勧めでスイスの名峰へ行くことになった。私の知っているかぎり、真柱様は自ら進んでいわゆる観光地へ行かれることはなかった。訪問先の現地の方の強い勧めと案内があれば行かれた。自ら訪ねられる所はきまって、宗教施設か、大学か研究所か書店であった。

登山電車の出発地であるグリンデルヴァルトで一泊した。頂上へ行くと高山病になるかもと大使はお帰りになったので、二人で登山電車に乗った。こんな高いユング・フラウの頂上まで、岩を削り掘り登山電車を走らせるものだと感心した。

海抜三千四百メートルのユングフラウ・ヨッホは雪に覆われて寒かった。二代様も私も軽い高山病にかかったのであろう、歩くとふらふらする。真柱様と腕を組んでゆっくりと展望台に向かって歩いた。そこから氷河が一望できた。空は青くすみわたり、見事な景色が広がっていた。二代様は即席の詩を作られ見せて下さった。

一夜明ければお山は晴れよ
六根清浄の同行二人
かしこみかしこみ嶺をめざす
電車のきしりも胸さわぐ
雲の衣をかなぐりすてた
ユングフラウの雪の肌
胸もわくわく息はずませて
しのべばうらめしさめの肌
六月十一日　ユングフラウ・ヨッホにて

ニュートンの主著をご購入

木村大使のご案内でスイスの首都ベルン市を歩いていた時のことである。二代様はすぐに本道に面した所に小さな古本屋があり、老婦人が一人店番をしていた。二代様はすぐに本屋に入り本を探し始められた。そこでアイザック・ニュートンの主著『自然哲学の数学的諸原理』を安く手に入れられた。いつまで待っても真柱様が本屋から出てこられないので、木村大使は店の前を左へ歩いたり右へ歩いたり、いらいらしながら待って下さったことをよく思い出す。

真柱様はジュネーブで、フィリップ・パテック社を訪れられ、木村大使に時計をプレゼントされた。この時、二代様は自分が腕にはめておられた日本製のセイコー社の時計を店員に差し出され、「この時計はどうか」と尋ねられた。店員は何かの機械にかけて調べたのち、「我が社の時計と同じくらい良い時計だ」と言った。二代様はその言葉を聞いて大変うれしそうであった。

アテネに向う飛行機の中で、身に余るもったいないお言葉を真柱様から頂いた。

座席に座って靴を脱ごうとされた。身体を前にかがめて脱ごうとされたが、うまくいかない。お腹が出ていたからである。それで小生が皮靴のひもを解いてさし上げた。すると二代様は、「パリー大学に留学してきた君にこんなことをさせて悪いな」とのお言葉を頂いた。ただただ恐縮した。

当時のギリシャは王制であった。皇太子は若いハンサムな方であった。講道館から派遣された一行は王宮に招かれた。そして皇太子の前で二人の選手が柔道のデモンストレイションを行い、見事な技を披露した。皇太子も大きな拍手を送られた。

ＩＯＣのメンバー一同、ギリシャ王室主催のパーティに招ねかれた。

アクロポリスの丘の前の広場で、伝統的な踊りが繰り広げられた。若い男女が伝統的な衣装を着て、手をつないで大きな輪となって踊る。空には月がかかっていた。

星空の下で繰り広げられる踊りと、オリエント風の神秘的な音楽に恍惚とさせられた。

間もなく王制が廃止され、皇太子はイギリスへ亡命されたと聞いた。

あの夜の幻想的な踊りと音楽がなつかしく思い出される。

アテネのホテルで

アテネでは二代様と同じ部屋に泊った。狭い部屋で、シングルベッドが部屋の両側に置いてあった。

ホテルの滞在中、一番気を遣ったのはトイレであった。お目ざめの前にすましておかないと、起きられたらトイレを使う時間がない。と言って、真柱様が起きられる前に使うのは申し訳ない。しかし仕方なく、お目覚めの前にすませてもらった。

一番の私の仕事は、お休みの時には肩のマッサージをさせて頂くことである。二代様の肩はまるで石の塊のように固く凝っている。渾身の力を入れて指で押すが、その塊の中に入らない。精一杯力をこめて必死に揉むが、一向にこたえていない様子である。

そのうちだんだんとこちらも疲れてくるが、もうよいとのお許しがない以上止めるわけにはいかない。そのうちお休みになったような気がして手を離すと、「うん」と言って寝返りをされる。そこでお休みになったかどうかを確かめるある方法を思いついた。それは片手で揉みながら、もう一方の手で枕もとの電気を消す。それで何の反応もされない時は、お休み下された証拠と考える。そして両手を離しても全く動かれないとお眠りになったと判断し、部屋の反対側の私のベッドで寝る。二週間の滞在中の一番の大仕事がこのマッサージであった。

旅行中二代様は何かと私にやさしく、気を遣って下さった。その一つの例をあげると、ある夕食の時に注文した洋ナシが固くてまずかった。二代様は一言「これは味が違うな」とおっしゃった。「まずい」と言ったら注文した私の責任になる。ここでも真柱様の温かい思いやりを感じた。

叱られたこと

もちろん叱られたこともあった。

ある時、お使いものにするからウイスキーを一本買ってくるようにと言われた。私はホテルから外へ出て酒屋を探すのが面倒なので、ホテルの地下にあるバーで買って帰った。すると二代様は、「これをどこで買ったか」と尋ねられた。「地下のバーで買いました」と申し上げると、「ホテルのバーで買うと高い。外の酒屋で買うと安い。勿体ないことはしてはいけない」と叱られた。

またある時、お使いになっている注射器の中を通す細い針が行方不明になった。探したが見つからないので、そしらぬ顔をしていたら、「どこへやったか」と尋ねられた。「大分探しましたが見つかりませんでした」と申し上げたら、「失ったらなくなったと報告しなさい」と叱られた。横着して知らん顔をしていた私が悪かったと反省した。真柱様は物を大切にされ、節約に徹せられた方であった。

もう一つ叱られたと言うか、注意を受けたことがある。

アテネの日本大使館に勤務していた鈴木敦也さんは、ギリシャの古典演劇に精通しておられた。二代様が以前アテネを訪ねられた時も、鈴木さんはパルテノンなどの遺跡を案内し、ギリシャの歴史と文化について豊富な知識を真柱様に披露されたとか。氏の話を聞いていると、まるで二千五百年前のギリシャ時代へ逆戻りしたような錯覚にとらわれた。いよいよ日本へ帰ろうとした前日のことである。鈴木さんが『クルアーン』を売りたいという人を連れてこられた。値段を聞くと五千ドルという。私の懐には二代様と私と二人の雑費として五百ドルしか残っていなかった。

私はこれは大変だと思った。そしてその本を見ると、あちこちに訂正したり書き直した箇所がたくさんあった。その上、本文の囲みの線が斜めになっていた。

私は二代様に、「これは全くお粗末な写本です。クルアーンというイスラームの聖典なのに、消して訂正した所がたくさんあります。本文を囲んでいる線もきっちりしてなく、曖昧な所がたくさんあります」と。

二代様はしばらく考えておられた。そして「申し訳ないが買わない」と申された。私はほっとした。もし買うとおっしゃったら、その代金を工面しなければならない。アメリカの教友にお願いする他ない。

後日談だが、帰国後二代様から「お前はあの本の値打ちがわかっていたのか」と尋ねられた。私は「アラビヤ語は読めないので内容の真偽はわかりませんが、キリスト教の聖書にせよ、仏教の仏典にせよ、筆写する時は全身全霊をこめて行うものと思います。ですからあの本の様に間違いを訂正したものは信用できません。もしかしたら、間違いだらけのクルアーンの写本としての値打ちがあるかもしれませんが」とお答えした。

本音を言えば、お金の工面が厄介だったからであった。

〈閑　話〉

当時の日本は外貨（ドル）不足であった。二代真柱様も、天理大学教授として申請すると、一日三十五ドル×滞在日数が受けとれるだけである。図書を買う費用として、ユネスコ・クーポンというのがあると聞き、東京の学士院会館へ買いに行ったが、二百万円が限度であった。貴重本なら一冊も買えなかった。

ある日町を歩いていると、古物商店に黄金の月桂冠が陳列されていた。価段は千ドルであった。本物なら、フランスでは三千ドル、日本だと八千ドルした。もし買って帰って本物なら大儲けできる。ところがその千ドルがなかった。先に述べたように、私の懐には五百ドルしか残っていなかった。

一九六一年の六月のこと。パリーに永住している鈴木さんが、真柱様をエジプトの古美術を売っているドメルグ夫人の家にご案内した。

夫人が奥から出してきたのは、古代エジプトの鳥のミイラであった。五十センチくらい

柔道をオリンピック種目に入れるべく、ギリシャ・アテネで、IOCの会長ブランデージ氏と懇談。

の大きさである。

二代様はブランデイを一杯所望された。そしてじっと考えこまれた。どれくらい時間がたったかわからない。まだ決心がつかないのか、もう一杯所望された。時間は遠慮なく過ぎていく。

「もう一杯くれ」とおっしゃった。そしてやっと買うことに決められた。

二代様はある時こうおっしゃった。

「贋物を買わないと本物が入ってこない」と。

先のエジプトの鳥のミイラは本物であると私は信じている。

IOC総会

アテネのIOC総会会場で二代様がど

のような方と会われ、どのようなご活躍をされたかについては私自身は全く知らない。恐らくブランデージ会長とお会い下されたり、他の委員とも会って尽力下されたことであろう。私の他に通訳がいた様子もない。二代様はご堪能な英語で、お一人で必死にご説得なされたものと推察している。

アテネへ一緒に行かれた日経連の理事で全日本柔道連盟理事長だった早川優氏が、二代様のご活躍ぶりを『みちのとも』の二代真柱追悼号に詳しく書いておられる。

不思議な体験

夜お休みになる時、二代様は浴衣に着がえられ、毛筆で日記をしたためられる。ある晩のことである。ドアを開けて部屋に入り、真柱様の後ろ姿を見た時である。そこに恐ろしい怪物がいて、恐怖で鳥肌が立ち、髪の毛が逆立つ感情に襲われた。それは全く一瞬のことであった。何かについてやさしく温かく気配り下される真柱とは真逆の、足がすくみ近寄りがたく、威圧される巨大な恐ろしい存在にその場から逃げ出したくなった。私はあとでこれが、ルドルフ、オットーの言うヌミノーゼ体験ではないかと思った。オットーによれば、神聖なるものに出会ったら、畏怖し戦慄する神秘体験と共に魅了される神秘体験のアンビバレンツ（二つ一つ）の体験をすると言う。

そう言えば二代様は、アテネに於いても仕事の鬼であった。四六時中あちこちへ出かけられ、全身全霊を捧げて死に物狂いで仕事に没頭された。夜ホテルに戻られると疲れきっておられた。お疲れでしたら少しお休み下さい、と申し上げられるような雰囲気ではなかった。真剣勝負をされていると実感した。何人も近づけない、近づけばはね飛ばされる恐ろしい存在となっておられた。そのお姿が怪物に見えたのであろう。

諸井慶徳先生のお出直し

アテネでのお仕事も終り、いよいよおぢばへお帰りになる日が来た。二代様はこれで教祖のもとに帰れるなと申され、それを本当にうれしそうにしておられた。

留学中体調を崩し、後ろ髪をひかれる思いで帰国した私の気持ちをお察し下され、二代様は「わしは一人で帰る。お前はパリーに行ってゆっくりしてこい」とおっしゃって下さった。その温かい思いやりのあるお言葉に甘えて、私一人パリーへ行った。

パリーに行ったが、どうしたわけか全く面白くない。懐かしく、うれしく思う筈の町角を歩いていても全く面白くないのである。むしろ居心地が悪いのである。それに諸井先生から頼まれたことが気になっていた。

今回の随行が決った時、入院中の先生を報告とお見舞いをかねて訪ねた。先生はやせ細っておられたが、私の手をにぎり、「飯田君、もう大丈夫だ。ところでフランスの哲学者メルロ・ポンティが出した『シーニュ』という本を買ってきてくれ」とおっしゃる。誰が見ても難しい哲学書を読めるようなご容体ではなかった。しかし「はい」と言って本屋で買った。

パリーには二日いたが、それ以上いる気がせず帰国の途についた。あとで聞いた話だが、諸井先生は「飯田はまだか。まだ帰ってこないか」とお待ち下されていたとか。帰国するや、本を持って駆けつけたが、すでに前日に出直されていた。なぜ、もう一日早く帰らなかったのかと後悔した。

ギリシャ人が振り返って見る

二代真柱様が町を歩いておられると、通りがかりのギリシャ人が振り返って見る。いかにも東洋人のようだが、それにしても威風堂々とされていて、人目についた。

あるギリシャの画家が二代様の肖像画を書かしてほしいと頼みにきた。時間がないとおことわりした。

二代真柱様のご尽力のお陰で、ギリシャ・アテネで行われたＩＯＣの総会で、柔道がはじめてオリンピックの種目となることが決まった。

（三）昭和三十六年（一九六一）十一月の随行

第三回世界柔道選手権大会

昭和三十六年（一九六一）十一月二十七日、パリーのクーベルタン体育館で、世界柔道選手権大会が行われた。

日本柔道連盟の要請をうけられて、二代真柱様は、その大会に参加すべく、松本安市八段と吉松義彦八段を伴って渡仏された。団長は九州の柔道界のボス的存在である竹村茂孝氏であった。氏は温厚な紳士である。

私も随行させて頂いた。

アテネでのＩＯＣ総会にお伴をしてわずか五カ月後に、再び欧米ご巡教の随行をおおせつかった。一年に二度の大役である。

生来胃腸が弱く、子供の頃からしょっちゅうお腹をこわしたり、下痢をしたりしていた。三年半の貧乏な苦学の疲れもまだ十分回復していなかった。六月にアテネへ随行した時よりも体調がよくなかった。今までに随行された先生の何人かは途中で倒れられたと聞いていたので、無事大役を果たせるか心配であった。

前回と同様、神殿で海外ご巡教の安全祈願のおつとめが勤められた。多くの人々の見送りを受けてお玄関を出発した。

ＫＬＭ〈オランダ航空〉のジェット機がアンカレッジで故障したため、そこで一泊した。町には砂金を売る店がたくさんあった。

故障したジェット機は飛べず、代わりにプロペラ機に乗った。機内の天井の四隅に天井から吊すベッド付きの珍しい飛行機であった。ベッドは四つあり、一行四人はそこに乗せてもらった。

パリーの宿舎は、ナポレオンホテルであった。多くの方が二代様を訪ねてこられた。天大柔道部出身で、フランスに指導に来ていた佐野君も来た。また、よくおぢばに来ていたイギリス人のレゲットさんも訪ねてこられた。韓国の選手団の中には天理大学留学中の金選手がいた。彼は後の東京オリンピックでは銅メダルを取った。

日本選手の敗退

試合の結果は、予想されていたように、アントン・ヘーシンクが日本代表の神永選手や曽根選手を破って優勝した。日本が発祥地であり、それまで日本が独占してきた柔道のチャンピオンが外国人柔道家の上に輝いたのである。

日本の選手団や役員の方々の失墜落胆ぶりは、目も当てられないほどであった。どんな面をさげて日本に帰れるかという思いに打ちひしがれていた。そんな方々を慰めておられる二代様のご心境も、さぞや複雑であったと拝察する。柔道の国際化のために大いに尽力され、多くの外国人選手を天理に迎えて練習の場を提供されてきた。その天理で力をつけたオランダ人ヘーシンクが世界柔道のトップに立ったのである。日本の選手たちや役員の方々を一生懸命慰めて廻っておられるお姿を見て、胸が痛んだ。慰労パーティーもまるでお通夜のようであった。

アントン・ヘーシンク

ヘーシンクは、柔道を上達させてもらった二代様と天理に終生感謝していた。

最初天理へ来た時は、松本誠四郎に投げられていた。ところがだんだんと強くなっていく。なにしろレスリングで鍛えた強力なパワーをもっていた。そのため技をかけても腕力で押しつぶされてしまうのである。

ある時、一れつ小路にあった拙宅へ食事に招いた。掘炬燵に彼の太腿がつかえた。私はこんな力の強い大男と試合をしなければならない日本の選手に同情した。

第三回世界柔道選手権大会で優勝し、またオリンピックでも優勝したのでオランダ女王からナイト（騎士）の称号をもらい、町の一つの道路の名前も、アントン・ヘーシンク通りになった。

日本へ来るとまっ先に天理に来て、昔練習した道場を訪ねたり、町の大通りを散歩したり、昔親しくしていた人達と会うのを楽しみにしていた。また彼は、天理にいた頃はやっていた流行歌を唱うのが楽しみであった。

三代真柱様も二代真柱様に代って彼を温かくもてなし、よくご招宴下さった。そんな時は三代真柱様も一緒に合唱して下さった。

彼は心やさしい人であった。ある時私は彼を寿司屋へ連れて行った。天理本通りにある小さな寿司屋であった。何分巨漢の彼のことだから相当高くつくだろうとは覚悟していた。いざ食べ出すと食べるわ食べるわ、しかも早いこと。少々懐が心配になってきた。するとと彼は私の耳元でこう言う。「大丈夫ですか」と。私の懐具合を心配してくれているのである。

その後、彼は柔道着を白と紺色に別けるべきだと言いだし、日本の柔道界から顰蹙《ひんしゅく》をかい、嫌われた。しかしとうとう彼の主張が通った。

彼は二代真柱様のお陰で世界チャンピオンになり、ＩＯＣの委員にもなれた。

ジュネーブで

パリーのあと竹村氏が一行に加わり、木村大使がおられるスイスを再び訪ねた。

ジュネーブのある店に買物に入ったが、しばらくして便意と共に胸がしめつけられるように痛み出した。一年半前にパリーでピリン系の下熱薬を大量にのみ胸がしめつけられた時とよく似た痛みであった。私は真柱様や木村大使や他の方々を店に残して店を飛び出した。近くのお宅でトイレを借りたり、ソーダ系の飲物をのんだりしたが、胸の痛みはとれない。大使の車に倒れこみ、松本八段に頼んで思いきり背中を押してもらった。かねて心臓がよくない吉村八段がビタカンフルを持っていたので、それを注射してもらった。それで胸の痛みが少しやわらいだ。

数日前から夜よく眠れず、食欲不振で疲れていた。今から思えば過労によるショック死寸前であった。

私は親神様、教祖に一生懸命お願いをした。どうか、何とか一行を世話して下さる人がおられるアメリカまで生命をつないで下さい、と。ここで私が倒れたら、二代様を除いて言葉の出来る人はいない。

木村大使の公邸に行く途中、天理に柔道の修行に来ていたキブツ氏のお宅へ寄った。キブッ氏は大の親日家で時計のガラスを作っていた。彼の息子は柔道を、妹は看護師の技術を学ぶため天理に来ていた。

ここでも松本八段に頼んで思い切り背中を押してもらった。

大使公邸に着くと、大使は私に「今晩は私が真柱様のお相手をするから、君はゆっくり休みなさい」と、お嬢様の部屋を空けて休ませて頂いた。その晩は日本を出発して以来はじめて一晩ゆっくり休ませて頂いた。そしてようやく胸の痛みがおさまり、旅を続けることが出来た。心筋梗塞によるショック死寸前であった。

エトルリアのお墓を見学

スイスから一行はローマに入った。ローマではイタリアの警察官に柔道の指導に来ておられた大谷さんのお世話になり、オリンピックの競技場や、バチカンやタルキニア博物館などを案内してもらった。

何よりも印象深かったのは、ローマの近郊に古い時代にすんでいたエトルリア人の墓地を案内してもらった時である。エトルリア人の墓は地下深くに作ってあり、階段を相当下りて行かねばならない。墓地の中央には石棺が置いてあり、その部屋の両方の壁には、当時の風俗や生活様式、そして埋葬者の趣味が色あざやかに描かれていた。その生々しい壁画を見ていると、いまにもエトルリア人が姿を現してきそうな気がした。

何でも副葬品目当ての盗掘がたえず、イタリア政府も警察も手を焼いていると聞いた。国外持ち出しは厳禁だが、盗掘品の多くが海外に流れているとか。

ローマでは、長谷川ロカ画伯がチヴィタヴェッキアという教会の壁に描いた、長崎で殉教した二十六聖人の絵を見学した。

レゲット氏

ここで、古くから二代様と親しくしておられたイギリスの柔道家レゲット氏のことについて述べる。

レゲット氏とは二代真柱様の御招宴の席で何度もお目にかかった。典型的なイギリスのジェントルマンであった。

氏は柔道の技能を高めたいと下駄をはいたり、褌《ふんどし》を愛用したりしていた。

氏はイギリスのBBC国営放送局の日本向け放送の責任者であった。二代真柱様がロンドン訪問の際、レゲットさんの勧めで、BBCの日本向け放送をされた。またイギリスの道場で柔道の技を見せられた。

氏はおぢばへよく訪ねてこられた。天理図書館もよく利用されていた。柔道の弟子ニューマンを天理に送り、現役をひいてからは、日本の文化、とくに禅の研究に没頭し何冊も本を出している。

氏が私に話されたことで忘れられないことがある。それは、日本のサムライと西欧の騎士との違いである。西欧の騎士は武術には優れているが、文化的教養は全くない。それに較べ日本の武士は茶道をたしなみ、詩歌を作る文化人であるといつもおっしゃっていた。

ロンドンにて

ローマからロンドンに入られた。二代様はロンドンには大変親しみをお持ちで、まるで故郷に帰ったかのように生き生きされていた。イギリスには、ボーナス教授やレゲット氏など多くの友達がおられるし、何よりも英語が通じる。フランスでは、英語を知っていてもわざと使わない書店もあり、幾度も不愉快な目に会われた。

バーバリーの店で、私たち一行はお土産を買って頂いた。私は黒いレインコートを買って頂いた。

古くから知り合いの有名な古書店マギーやケガン・ポール店を訪ねられた。その時のことである。どちらの本屋だったか憶えていないが、店員が分厚い大型の立派な本を二冊出してきた。おそらく古い聖書ではなかったかと思う。値段を聞くと二千万円だという。当時、円は全く相手にされず、ドルで支払うしかない。だが政府は先にも述べた通りドルの持ち出しは厳しく制限していた。

「高い」と言うと、若い店員曰く「オンリー、ツーロールスロイス」と言う。当時のイギリスの最高級車ロールス・ロイスは一台一千万円した。店員はたったロールス・ロイス二台分じゃないですか、安いものですよと言うが、私達にははるか手のとどかない高嶺の花であった。二代様も黙って何もおっしゃらなかった。諦めて店を出た。

〈閑　話〉

この時のことである。町角で突然一人の日本人に呼びとめられた。立派な紳士だったが大変憤慨していて、見も知らぬ私に怒りをぶちまけたのである。何でも競馬の馬を見るためにわざわざイギリスに来たが、相手は日本の外資事情（懐具合）を知っているので、一流の馬を見せてくれない。わざわざ旅費を使って遠い日本から来たのに、「けしからん」と私に怒りをぶつけていた。

この時、ロンドンで思いがけず、シカゴ大学に留学中同じ所に下宿していた北海道大学医学部出身小児科の吉田ドクターと出会った。シカゴでは彼は時々私に白衣を着せて病院の医師専用の食堂に連れて行ってくれた。一日一ドルで生活していた小生はご馳走が頂けて有難かった。

吉田ドクターはアメリカの地方の病院に勤務していた時、まだ患者が生きているのにカトリックの神父を呼んで終油《しゅうゆ》の祈りをしていたことに怒っていた。

ニューヨークで

ロンドンからニューヨークへ向った。ニューヨークの空港で入関の職員とトラブルがあった。吉松八段がお土産にスイスで安い時計をたくさん買ってきたが、それを税関員が文句を言った。私は「これは安いオモチャの時計だ。アメリカの経済に影響を与えるほど価値のあるものではない。もしどうしても通関させないなら、そちらで預かってくれ。そして帰国の時返してくれたらよい」と言うが、税関の男は差し押えると言ってきかない。私も負けずやり合ったが、相手はなかなか通関させない。かなりの間、押し問答をしていた。

他の客は皆、通関を終えて外へ出て、我々の一行だけが取り残された。大分たって税関の上司が出てきて通してくれた。空港に出迎えに来て下さっていた深谷忠政アメリカ伝道庁長様には、大変ご心配をかけた。

ニューヨークでは、真柱様はかねてから昵懇《じっこん》にしておられた金山総領事にお世話になられた。金山領事はカトリックの信者で戦争中はバチカンの日本大使をしておられた。戦後二代様がバチカンを訪ねられた時、法王との謁見の仲介の労をとって下さった。金山領事公邸でご招宴にあずかった。

当時ニュージャージーに在住で、シートン・ホール大学で教鞭をとっておられた上原豊明先生や、東京銀行ニューヨーク支店におられた今村俊雄さんも空港に迎えに来て下さった。

ニューヨークでは、二代様はシートン・ホール大学やコロンビア大学東洋図書館や、有名な古書店クラウスを訪ねられた。クラウスの書店主は個人的に古い地球儀や天球儀のコレクションを持っておられた。二代様は、これは売り物ではないとことわるクラウス氏にねばりにねばって譲り受けられた。これは今、天理図書館が世界に誇る地球儀、天球儀のコレクションとなっている。

この他にも二代様は、吉田氏の柔道場を訪ねたり、またインディアン博物館を見学されたりした。

〈閑　話〉

後日談であるが、二代真柱様がお出直しになって十年たった頃、クラウス夫妻が地球儀と天球儀を見に天理図書館にこられた。二代様にお譲りした時は可愛い我が子を手放すような淋しさを感じたとか。そして三代様に向かってこう申された「十倍の値段で買い戻したい」と。それに対し三代様はすかさず申された。「二代真柱様はそれは駄目だと申されています」と。クラウス夫妻は「それはそうでしょう」と申され、一同大笑いした。

飛行機の故障でアンカレッジに一泊した時、そこで参考館に入れたい物を見つけられたが、その時は後の旅費のことを考え買われなかった。ニューヨークに一同が滞在中、私にそれを買ってくるようにご命を頂いた。宿泊したアンカレッジのホテルのドアの錠が閉まらず、紐でドアを閉めた。店へ行くと、これは売れないと言う。私は必死に頼んだ。「わざわざニューヨークから買いに来たのだから是非売ってくれ」と。それで店主もしぶしぶ売ってくれた。

アンカレッジからニューヨークへ戻る途中、飛行機が乱気流にもまれ、空中分解しないかと心配するほどゆれた。ニューヨークへ行けず途中の空港に緊急着陸したが、何とかニューヨークに戻り一行と合流できた。

ロスアンゼルスでの歓迎会

ロスアンゼルスのアメリカ伝道庁では、盛大な歓迎会が行われた。スキヤキパーティーであった。

アメリカに留学中の宮田元先生（天理大学名誉教授、天理図書館元副館長）も来て下さった。

ハワイで

ハワイに着くと二代様は「一日暇をやるからどこか行きたい所へ行ってこい」とおっしゃった。だが私はどこへも行きたくなかった。ただ眠かった。しかしご案内下さるという斉藤米国先生のご好意に甘えて車に乗せてもらった。「どこか行きたい所はありませんか」と聞かれたので、せめて昭和十六年十二月八日、日本海軍航空機が奇襲し、それから三年八カ月、全世界を相手に戦争するきっかけになった真珠湾を山の上から見たいとお願いした。車中では乗り込むなりすぐに寝た。「着きましたよ」と起こされ、上から真珠湾を見たが特に何もない普通の湾に見えた。一、二分見て車に戻り、ホテルでただただ寝た。

羽田に着いて重い手荷物を二つぶらさげていたが、足がもつれて転びそうになった。それを見ておられた当時の真柱室長、喜多秀義先生は「おお、生きて帰ってきたか」とおっしゃった。

（四）第四回随行とコンゴ診療所での体験

天理よろづ相談所病院「憩の家」第一次医療隊の手伝い

コンゴから戻り、体力も大分回復した二年後の昭和四十一年十一月に随行のご命を頂いた。随行員は、高橋道男海外伝道部長、真柱様の甥で秘書の中山睦信先生、松本安市八段、そして風間善郎医師であった。

後で聞いたことだが、二代様のご健康は海外巡教へ行けるような状態ではなかったとか。ドクターストップがかかっていた。風間ドクターが随行員となられたのはそのためである。しかし、二代真柱様が道をつけられたコンゴブラザビル教会の設立奉告祭であり、生命の危険をおかしても是非行ってやりたいとの親心からの旅であった。

ネパールで

途中ネパールに寄られた。ネパールには昭和三十五年（一九六〇年）、欧州とアフリカご巡教の帰りにお立ち寄りになっている。その時はネパールのカトマンズ空港へはインドからの双発のプロペラ機しか飛んでいなかった。座席もジュラルミン製で、二人が一緒にベルトを締める軍用機を改造したものであった。またネパールの首都カトマンズにはホテルが無く、民宿されたが、朝食に出されたコップの水の中にボウフラが浮かんでいたとか。今回はスイス人が作った新築のホテルがあった。しかしバスに湯が出ないし、よく停電した。

二代様は昔からどんな遠隔地でも、どのような不便で危険な所であっても、そこで誰か布教している人がいれば、あらゆる方策を講じて訪ねて行き、布教師の労を犒いお励まし下さった。ネパールには当時大向良治氏が活躍していた。また天理大学の体育学部に留学していたラム氏がいた。ラム氏は後にネパールの観光省の長官になった。

インドからネパールに入ると雰囲気が一変した。カトマンズの市外にある田園風景は、まるで日本の農村の風景とそっくりであった。

町中では珍しいものをたくさん見ることができた。例えば、十二、三歳の少女を生き仏として崇めているお寺や、男女交合の彫り物を飾っている大きな塔が町のど真ん中に建っていた。河には猿がたくさんいた。巨大な塔の周辺には、一面牛の糞をぬりつけているお寺があった。

前回お伴した第二回目のご巡教の時と較べると、今回は大変お疲れの様子であった。しかし大向良治氏やラムさんは、折角のこの機会に真柱様に出来るだけ多くの政府の要人に会ってもらいたいと、びっしりとしたスケジュールを組んでいた。

二代様は二人が作ったスケジュールを忠実にこなされた。王宮を訪ね、ビデンドラ皇太子や王族、要人たちと面談された。

ある日のことである。二代様はご訪問を終えられホテルのお部屋に入るなり、ベッドの上にドスンと仰向けに倒れられ、ごうごうと大いびきをかかれた。その瞬間、私は全身から血が引くような思いがした。ひょっとすると脳内出血かなにかで倒れられたかと思った。つまり服を脱ぎ、ネクタイをはずし、靴をぬぐ元気もないほど疲れ切っておられたのである。

しばらくして、次の訪問予定の時刻がくるとむっくり起き上がられ、次の表敬訪問地へ出かけられた。

私は二代様が海外布教伝道を文字通り、生命を削って実践しておられるお姿をこの目で見た。しんどいとか疲れたとかは一言もおっしゃらない。現地で苦労してくれている布教師の役に立つことなら、どんなにお疲れになっていても自分を殺して、いそいそと務めて下さっているお姿を目の前で拝した。

虎　狩　り

マヘンドラ国王妃の実弟ラナ殿下の招聘をうけ、私達は虎狩りに行った。カトマンズから飛行機でインドの国境に近い空港へ飛び、密林地帯に着いた。

一行は大きな河原にテントを張って野営をした。朝起きると皆、川の水で洗面した。私は真柱様がお鬚《ひげ》をそられる時、手鏡を差し出した。

虎刈りでは象五頭を連れて河原を上流に向かって歩く。そして密林中から五メートル間隔に並んで虎を追い出すのである。ずーっと先に五、六人のハンターが木の上に登り、逃げてくる虎を射止める。

私も勢子の一人として象にのせてもらった。象が歩き出すと左右に大きく揺れる。その上あちこちにある蔦が顔や肩に当り、落ちそうになる。象の首に巻いてある綱に必死にしがみつき、何とかジャングルを無事通り抜けた。

この時は虎はおらず、射止めた獲物はピューマ一匹と鹿二匹だけであった。その晩、早速鹿を料理して食べたが、固くてまずかった。帰途、一同はホテルのない村の集会所のような小屋の床でごろ寝した（しばらくして、ネパールから射止めたピューマと鹿の皮が真柱宅へ送られてきた）。

狩に出る前、二代様は象に乗るとおっしゃる。一同は危ないですからと止めたが聞き入れてもらえない。とうとう象の上に乗られ上機嫌であった。お身体は疲れておられたが、意気軒昂たるところがあった。冒険心が旺盛であった。

〈閑　話〉

立教一七九年（平成二十八年）十一月十二日真柱様ご夫妻、大亮様を迎え、ネパール連絡所開設五十周年の記念祭が盛大に行われた（天理時報　立教一七九年十一月二十日号）。松本滋先生や大向良治氏など数多くの教友たちの努力のたまものである。

二度もネパールへ巡教下さった二代真柱様もさぞお喜び下さっているであろう。第二回目の時はドクターストップがかかっていたのに、大向氏を励ましにお出かけ下さったのである。

インドで

ネパールからインドに戻り、かねてから昵懇にしておられた井関日本大使公邸で休まれた。どこへも外出されず休養された。

この時私はコレラにかかったような猛烈な下痢に見舞われた。原因はよくわからない。

水は飲まないようにと注意を受けていた。ひょっとすると歯をみがく時に使った水が悪かったのか、それともネパールで食べた物でお腹をこわしたのか。そう言えばネパールではあちこちを表敬訪問したが、行く先、行く所でネパール産の果物や食物が出た。随行の皆様は手をつけられない。折角出してくれているのに悪いと思い、私一人が「デリシャス」と言って食べまくった。それが祟ったのかもしれない。

朝食に食べたポップコーンが全くそのままの形で出てくる。まるで滝の水が落ちるようなひどい下痢であった。中山睦信先生は冗談に「いったい君の胃や腸は何をしとんね」とおっしゃった。と言って早く治さねば随行のお役が果せない。風間ドクターから抗生物質の薬をもらい食をたち寝ていた。下の階では、日本から持ってこられたお肉ですきやきをしておられた。そのいい匂いが二階の私の部屋まで上ってきた。

松本八段が買物したいから一緒に行ってくれという。無理して行ったが、途中で貧血を起こし、立っておれずしゃがみこんだ。そして松本八段を残して急いで宿舎に戻って寝た。

オーストリアで

オーストリアの首都ウィーンでは、二代様の古くからの友人である法眼大使と旧交を温められた。

コンゴブラザビル教会の設立奉告祭で、神殿講話をされる二代真柱様。

この時、ウィーンには上智大学の教授白鳥芳朗先生がおられ、お世話になった。オーストリアでの記憶は殆どない。睡眠不足と疲労のため頭が働かず、いつどこでどうしたかが思い出せないのである。音楽の都と言われるウィーンも私には何の印象も感慨もない所であった。

コンゴブラザビル教会設立奉告祭

昭和三十九年、コンゴ布教から帰る時は、よもやコンゴへ再び二代様の随行として訪れることになるとは夢にも思っていなかった。

前回、泣いて別れたコンゴの信者さんは大喜びで歓迎してくれた。胴上げまでしてくれた。

二年前に帰国する時はみんなが悲しんでくれた。ムッシュ・イイダの墓地も確保してあるのにと言って引き止めてくれた。しかし当時私の体はかなり衰弱していた。無事日本にたどりつけるかどうかも心もとなかった（帰国して一カ月の間に歯が八本抜けた）。

帰国した後、信者さん一人一人の顔が目に浮かんだ。彼は今どうしているのだろうか、きっと腹をへらしているのだろう。彼女は今どうしているのかと信者さんを思い出さない日は一日もなかった。思い出すのがつらかった。何もしてやれないからである。帰国する時に貰った土産品を見ると彼らのことを思い出すので、貰ってきたものは皆天理参考館へ寄贈した。

コンゴブラザビル教会設立奉告祭のお勤めのあと、二代様は神殿でお話され、私が側に立って通訳させてもらった。

そのあと直会が行われた。直会が終ったあと、二代様は教会の門の前に立たれ、来賓一人一人に丁寧にご挨拶をされていた。

医療隊でのこと

真柱様一行をマヤマヤ空港に送り、私一人がコンゴに残り、第一次医療班の手伝いをすることになった。

隊長は山本利雄ドクターで、船曳豊X線技師、山中亨検査技師、塚原佐代子看護師の四人のメンバーであった。

診療所へは大勢の人がやってきた。朝の三時頃から待っている人もいた。朝は八時から診察開始する。お昼休みもなく午後三時頃まで診察と治療を行った。

私は診療所の入口の部屋で、患者から病状を聞き、山本ドクターに伝え診察が始まる。その後ドクターの指示した処方箋によって私が薬を渡す。診察に来る人があまりにも多く、みんなはくたくたになった。

私も暑さと忙しさ、それに粗末な食事で体力が消耗していた。体温は35度以下でしんどい。それで山本ドクターに診察してもらった。レントゲンを見たドクターは私に「汚い胸やな、卵を食べさせてもらえ」と言う。しかし、当時のコンゴでは卵は貴重品であった。高くて食べさせてもらえなかった。

〈閑　話〉

卵を自分で買って食べればよいのだが、そのお金がなかった。お手当は月三十ドルであった。労働金庫から借金をして少し持って行ったが、前の時のように信者さんにおごるお金がなかった。朝はおかゆと野菜の漬物だけであった。赤道に近い暑い国では味を辛くして油っこいものを食べないと体がもたない。コンゴではコンゴ河でとれる魚を乾かし、それにたっぷりと油を入れて炊いたものを食べていた。私は昔から胃腸が弱く、油っこい食物は胃にもたれる。

コンゴの人達は皆腹をへらしていた。人に会った時の挨拶の第一声が「食べたか」であった。二度目のコンゴ滞在中、一番つらかったのは、第一回目の時のように腹をへらしている信者さん達に食べ物をおごってやれなかったことであった。最初の時は食事中に窓からのぞいている人を呼び入れて食事を共にした。が、今回はそれが出来ないことが一番つらかった。

彼らの飢えの苦しみを我が事と感じたのは、戦争中と戦後、食べ盛りであった私たちは毎日腹をへらしていた。その時の飢えのつらさがコンゴで思い出され、我がことと思えたからである。もっともあの時は、日本全国の人殆どが飢えていた。それが十五年ばかり続いた。

ベルクソンの翻訳

空腹がプラスになったこともあった。

今回の随行が決まる前から、私の大阪大学時代の恩師澤潟久敬先生からのお話で、フランスの哲学者ベルクソンの著作の一部を中央公論社の『世界の名著』で翻訳することが決まっていた。今さらお断りできなかった。

診療所での仕事が終った後、夜と早朝に翻訳に取り組んだ。頭が不思議に冴えて予想以上に順調に翻訳が出来た。その時おぢばで会ったパリー大学教授ロングレ先生が、戦争中軽井沢に抑留中に体験されたお話を思い出した。先生は食物が無く殆ど毎日かぼちゃを食べて過ごされたが、その時「私の頭は冴えていた」と話されたことを思い出した。

帰国後体調が悪く、病院で調べてもらったがどこも悪くない。と言って身体に力が入らない。そこで指圧師に来てもらった。しかし指圧師が全力で押しても全く痛くない。全く反応がないので指圧師は首をかしげていた。二年間はそういう半病人の状態であった。

二代様は、医療隊が帰国した後も私に引続きコンゴに残り教理を教えることを期待されたが、私の健康状態は前回と同じく限界に来ていた。それに、フランス語の出来る若い人が活躍して下さっていた。彼らがあっと言う間にラリー語、ムヌクトバ語、リンガラ語などの土着語を憶えるのを見て、語学は若い時にやらねばと改めて思い知った。

真柱様から頂いた温かいお言葉

医療隊の一同は帰国のご挨拶をするため、本部詰所の細い通路に立ち、朝づとめからお帰りになる真柱様を待っていた。

二代様は、私の所に足を止められ、一言「老けたの、苦労したか」と声をかけて下さり、足早に去って行かれた。

その一言で、コンゴでの疲れが一度に吹き飛んだ。二代様は何もかも見抜き見通して下さっていると実感した。

二代真柱様の先見的慧眼

一九六四年に二代真柱様から、布教の認可を取り、信者に教義を教えるためコンゴへ行くようにとのご命をうけた時のことである。

コンゴでの布教認可を申請した時の大統領はマサンバ・デバ氏であった。彼は穏健な中道路線の政治家であった。二代様とも直接お会い頂き、コンゴ北部の鉄鉱石の日本への輸出について、大統領から協力を依頼されている。

ところが政局が次々と左翼勢力に牛耳られ、左傾化し、マサンバ・デバ大統領は失脚し、遂に銃殺されるという非業の死をとげた。

もし布教認可申請があと半年か一年後になっていたら、認可は取れなかったであろう。

二代真柱様が小生にコンゴへ行くことを急がれたのは、或いはコンゴの政局がこうなることを予見されていたのかもしれない。神の目をお持ちであった。

なぜなら、マサンバ・デバ氏が大統領であったから布教認可が下りたのである。その後の政権は極左政権がつづき、内乱、内戦が勃発し、遂には教会も破壊され、信者は皆森の中に避難したからである。

健康上の理由からコンゴへ行くことを渋り躊躇していた私に、「お前、留学なら行くか」などと、手を変え品を変えて早く行くよう望まれたのは、こうした政変を予見しておられたからだと思う。やはり人間離れした神秘的な予見力をお持ちであったと思う。

〈閑　話〉

海外ご巡教の随員にして頂くことは最も名誉なことであり、有難いことである。しかし、睡眠不足が一番つらかった。自分の体力のなさを痛感した。

ある時、三代真柱様がこうおっしゃった。「二代様の随行は死に物狂いやな」と。

随行中、何人かの先生が倒れられたと聞いた。一度死にかかったが、身体の弱い私が四回随行の務めを果たせたのが不思議である。

二代様は時空を超越されていた。

海外でも一瞬一刻を惜しんで活躍された。ある時突然「○○へ電話をかけてくれ」とおっしゃる。時計を見ると時差の関係で現地は真夜中とか早朝のことがある。しかも電話先は大使とか大学の教授とか社長さんである。止むなく「真柱様、あちらはまだ真夜中ですので、今少しお待ち下さい」とお願いしたことが幾度もあった。真柱様は時差を超越しておられる方だと思った。

物を大切にされた

ある時、飛行機内のお手洗いから戻られた二代様は、私に向かってにやりとされて、手からトイレにある小さな石鹸を私に見せられた。私も負けず使い捨てにせず持って帰った。物を粗末にせず、大切にされた。一度使って捨てるならとお持ち帰りになった。勿体ないという思いからであった。

随行中の私の仕事の一つは真柱様の下着を洗濯し、バスルームに吊して干すことであった。クリーニングに出すような時間は全くない。朝出発の時、それらを集めてトランクに入れる。急いでいる時などはその下着を一つか二つ忘れることがあった。帰国後、お宅で数が合わないことがよくあったが、どこへ忘れてきたか調べようがなく、ご勘弁して頂いた。

ご旅行中、日本で手に入らないものや珍しいものがあると集められた。例えば、レストランで食事した時出されたワインのラベルやお皿をボーイに頼んで貰われた。中にはこんなものまでと思うようなものもあった。

旅行が長引くと、そういった物がどんどんと増えていく。中山睦信先生は夜遅くまで、ねむい目をこすりながらトランクに詰めて別便で送られた。ご旅行中に集められたいろいろなものが今、参考館のどこかに置かれているのであろう。

随行中に拝見した海外布教のためのご努力

二代真柱様は、たくさんの外交官とご親交があった。小生が随行としてお伴した時も、現地の大使と旧交を温められた。

現地に着くとまっ先に、日本の大使館か、領事館を表敬訪問された。その時、プライドの高い外交官の中にはあまり歓迎しない人もいた。しかし二代真柱様は辞を低くして、訪問をつづけられた。私にはその理由が初めはわからなかった。歓迎もしてくれない所へなぜわざわざ、貴重な時間をさいて表敬訪問されるのか、と。そしてある時やっと気がついた。それは、現地で布教伝道をしている教友のためであるということである。布教師に何かあったら、お世話をしてもらえるよう、現地の日本の在外公館を、辞を低くして表敬訪問して下さっているのだということを。

海外ご巡教の時は、英訳されている教典やパンフレットをトランクにたくさん詰めこまれていた。現地で会われた方に、自らそれを差し上げられているお姿が目に焼きついてはなれない。海外布教伝道のためにはあらゆることをされた。

なぜ、私ごとき者を随行員にして下さったか

最後に、なぜ私ごとき者が何度も随行員としての大役を頂くことが出来たのか。

結論を先に言うと、英語とフランス語が少ししゃべれたということと、直前までアメリカとフランスに留学し、海外旅行に馴れていたからであろう。日本の外国語教育は、読むことが中心であり、話すこと、書くことはあまり教えない。その上、戦争中は敵性語だと言って排斥したので、当時のご本部では英語をしゃべれる人が少なかった。ロイスさんというアメリカの二世が真柱様の通訳をしていた。またフランス語が出来る人も少なかった。

次に、海外留学が至難な時に、ご本部に一切迷惑をかけず欧米へ留学したことを高く買って下さったからかもしれない。

もう一つの大きな理由は、二代真柱様が生命がけで創設された天理外国語学校（昭和十九年に天理語学専門学校と改称）の出身であったこと。そして海外布教を目ざしていたこと。自分が作った学校を出た人間が、創立の目的である海外布教を目ざしていたことをお

喜び下さったからであろうと拝察申し上げている。

それにしても、ドイツのマールブルクの時を加えると前後四回、海外で二代様のお手伝いが出来た光栄と喜びは筆舌に尽くしがたい。私ほど幸せな人間はいないと感謝している。

第三部　大戦時代の危機

大戦時代の本教存亡の危機を乗り越えて下さった

昭和六年の満州事変、昭和十二年の支那事変と日本が戦争の泥沼にのめりこんで行くにつれ、政府の宗教団体への監視と統制が次第に厳しくなってきた。そして遂に昭和十三年に、本教の教義とおつとめに対し干渉が始まった。

この時から、敗戦（終戦）まで、そして占領下の七年間にわたる苦難の日々が続いた。三代真柱様は、父（二代真柱様）が自宅で幾度も涙を流しておられるのを見たと述懐されている。

全世界を相手に戦争するという驚天動地ともいえる日本建国以来の危機からどう救うべきか、二代真柱様は生命を削る苦労をして下さった。

ところが、その筆舌に尽くしがたい苦難の日々のことについて、ご自身は公に一言もお話されていない。つらいとか苦しいとか、心配だとかは一切お話されていない。書いてもおられない。

ただ一つだけ、当時の状況について述べられているお言葉がある。それは昭和三十五年六月三十日に出版された『天理図書館稀書目録・和漢書之部第三』の序文に寄せられた次のお言葉である。

そこでは「かえりみれば、過去三十年間には、あの恐ろしい世界戦争の時代もあった」とおっしゃっている。この「恐ろしい」という言葉は、革新以後の二代真柱様を苦しめた、当時の時代の状況を物語っている。

昭和十六年十二月八日、日本海軍がアメリカ、ハワイの真珠湾を攻撃した。全世界（ドイツ、イタリアと中立国を除く）を相手に三年八カ月にわたって戦争することになる。ここから日本史上空前の危機を迎える。

その日本に本部がある本教も同じく空前の危機に直面することになる。この未曽有の危機を二代真柱様がどう克服し、乗り越えて下さったかについて考えてみたい。

二代真柱様は、いわゆる「革新」という名の政府当局からの迫害、統制や無理難題の要求や命令のために、筆舌に尽くしがたいご苦労をして下さった。文字通り生命を削り、生命を縮めるご苦労の毎日をお通り下さったのである。

巨大な教団の最高責任者として、想像を絶する苦難の月日をお過ごし下さったのに、二代真柱様ご自身のお口から一切のご発言もなく、書かれたものはないと先に述べた。従って、二代真柱様と共に、ご苦労下された側近の先生方の証言から知る他はない。

そのいくつかを紹介し、二代真柱様のご苦労を偲ばせて頂きたい。

次のことはあらゆる証言や証拠から断言できる。

もし二代真柱様が吹き荒れる猛烈な嵐の中を、生命を削り、血の涙と汗を流して守り抜いて下さらなかったら、天理教団は、ひとのみち教団（現ＰＬ）や大本（教）と同様、解散か活動停止させられ、教団としてこの世から姿を消されていたであろう。そして幾百万の教信徒は、路頭に迷い、官憲の監視下のもとで、かつての隠れキリシタンのように隠れて信仰を続けなければならなかったかもしれない。

天台宗の大僧正で中尊寺の貫主、作家でもあった今東光師は次のように言っている。

大正の頃、天理教が弾圧された。政府の方針としては天理教を潰滅《かいめつ》させたかったのかもしれない。何とか不敬罪に追いこんで一挙に叩き潰そうとしたらしい。しかしながら天理教はその手に乗らなかった。不敬罪に該当する罪状を犯していなかったのだ。この弾圧時代の信者は天晴《あっぱ》れ見事だった。彼等は聊《いささ》かも盲動しなかった。

（「わたしと天理　天理教の思い出」〈『心のまほろば──心の本──天理』天理教よのもと会　一九七七年に所収〉）

残念ながら、今東光貫主のこの文章には時代錯誤がある。明治の中期、内務省の秘密訓令で本教撲滅運動が官民こぞって行われた時と間違っておられるのであろう。或いは昭和十三年に革新を命じてきた時と間違っておられるのかもしれない。本教が存亡の危機に直面したのは明治三十年代の撲滅運動と、昭和十三年の「革新」以後、終戦までである。

今東光師が申されているように、本教が解散をまぬがれたのは、正に奇蹟と言える。それほど本教は存亡の危機にさらされていたのである。にも拘らず潰されず解散されずにすんだのは、後で詳しく述べるが二代真柱様を中心に全教信徒が心を合せて死に物狂いの努力をして下さったお陰である。私達はこのことを心から感謝しなければならない。

三代真柱様の革新についてのお言葉

大戦中、何としてでも、親神様、教祖の御教えの道をゆがめてはならないと、ご苦労下された二代真柱様を一番身近で見ておられた三代真柱様が、その時の現状を詳しく述べておられる。長くなるが引用する。

一、いわゆる国体明徴運動と国民精神総動員運動というものが、その直接の原因となった。この運動の意味を知ることは、革新時代の応法（おうぼう）の道を正確に理解し、正しく認識し、革新をあえて断行してその節（ふし）を乗り越えられたのは、親神様の大きなご守護のたまものだということを知るためである。

国体明徴運動の国体とは、憲法学で主権の所在によって区別される国家形態で、明徴運動は、それを明らかに証（あか）し立てようとする運動で、昭和の初期に台頭した。これに加えて昭和六年の満州事変、翌年の上海事変、十二年の日華事変など、次々に戦争がエスカレートし、政府は国家総動員法を発令した。かつ、国民精神総動員運動を提唱して、全国民の思想を統一にかかった。そういう上から各宗教は、それぞれの独自性を保つことがだんだん難しくなったのである。

一、本教の根本教理が国家神道に背くと解せられ、圧迫が強くなり、やがて思い切った改革に踏み込まなければ、教祖の道が取りつぶされるという瀬戸際にまで追い詰められた（傍点筆者）。こういうお話をすれば、その時の人々は大変だったなと、私たちにも想像がつくが、実感としては全然わからない。けれどもこの時代のことは、調べれば調べるほど、知れば知るほど、もし応法の道を選んでいなかったなら、いまごろは、私たちの道はどうなっていたかと、実に冷や汗が出てくるように感じる。

その間を無事に通り抜けることができたのは、親神様のご守護はもちろん、応法に英断した私の父、さらにはその父の胸中をくんで、自分たちの信念をひとまず鞘（さや）に収めてまでも全教が一致協力、〈たんのう〉と〈ひのきしん〉に徹して通った大勢の教信者の真実が後世の話の台と、常に思い、敬意を深く表している。

（中略）

あえて応法の道を選んでまで、今日の道へとつないで下さったその時の人々の決断を私は話の台にしている。その時の人々の考えたことや、やったことを、いわゆる神一条の上からよく判断しないでうんぬんすると、単なる批判や取り違いに終わり、全く逆のように解釈してしまうおそれがある。

一、この場合の話の台は、どんな困難に遭遇しても、一手一つに団結さえするならば、その心を親神様は必ずお受け取り下さるということである。前の真柱様をはじめ、当時の人々は、「おふでさき」や「おさしづ」を下附しながら回収せねばならず、用語は制約され、自分では考えも思いもしないことを話さねばならなかった。そうした胸中を思う時、何とも言えない気持ちにおそわれる。その無念断腸の思いに報いたい。この人々の心を思い、親神様の思召をどこまでも語り継ぎ、道の台の立場の上から、しっかり生かしていただきたい。

一、歴史というものはいわば親から子、子から孫へと順次連なる一つの物語であり、それを活用することは、善いも悪いも、その真実を語り継ぎ、思案し、その道行（みちゆき）が明るい陽気ぐらしを招来する上で、過ちを繰り返さぬように、判断の材料とするところに意味がある。

革新時代を語るには、これまで表面に現れた姿を眺めただけで、一種の引け目を感じていた傾向があったのではないか。それでは、あえて応法の道を選んでまでも、私たちの道を守ってくれた先人たちに対して正当ではないと思う。革新からすでに半世紀を経た今日、革新を断行せざるを得なかった事情を改めて掘り起こして、かくのごとき節をお見せになった親神様の思召を思案してかかることは、将来の成人のためだと思う。

（「天理教婦人会第七十四回総会における（三代）真柱様お話（大要）」

『天理時報』立教一五五年（平成四）四月二十六日号）

三代真柱様は実に正確に、二代真柱様と共に全教信徒が難局に立ち向かって下さった当時の信仰者の必死の努力を的確に説明下されている。

二代真柱様と共にご苦労下さった先生方

二代真柱様が本教を守るためにどれだけご苦労下されたかについて、真柱様に仕えられ共にご苦労下さった先生方の証言をいくつか紹介する。

・中山為信先生のご心配

政府が狙ったのは、おふでさき、みかぐらうた、おさしづなどの原典であった。それらがいつ没収されるかわからなかった。二代真柱様の義兄であり、共にご苦労下された中山為信先生は、万一の場合、昔の語り部のように、膨大なおさしづを全部暗記することも覚悟された。それほど危機的状況にあったのである。ちなみに現行おさしづ本は三百頁近い本が七冊ある。

・上田嘉成先生の証言

二代真柱様と共にご苦労下された先生方は、教祖から教えられた通りの信仰を守りながらも、政府当局の強圧的介入との板挟みにご苦労下された。

上田嘉成先生は、教義を守る立場の、教義及史料集成部主任になられたとき、ご尊母様に対し「警察へ連れて行かれるかもしれません。親不孝をお許し下さい」と申された。昭和十三年、先生に召集令状（いわゆる赤紙）が来た。普通なら、戦死を予想しショックを受ける。ところが上田先生はこう言われた。

戦地へ着いて私は、ホッとした。弾《たま》があたれば、戦死すればよい。これ程楽なことはない。教義で問題が起れば、全教の人が苦労する。切腹ぐらいでは相済まぬ、というのが、私の心の中であった。（中略）こうして、二度応召、満四年経って、帰還したのが、昭和十七年であった。私は、山沢為次先生の頭髪が、真っ白になっているのを見て驚き、ここ数年間の御心労の大きさを思った。諸井慶徳氏が、「集成部の主任を三年勤めたら、命がありませんね」と言ったのは、この頃のことである。

（『思い出』前掲書　470～471頁）

当時の政府の本教に対する統制や監視がいかに厳しく、それと板挟みになった先生方の悲痛な魂の叫びと共に、この御教えを守るため、自分の生命を喜んで捧げる覚悟をされた先生方の信仰信念の強靱さに感動させられる。

・喜多秀義先生の証言

昭和十三年になり（中略）宗教の国家統制によって、宗教界に弾圧の嵐が吹きまくった。本教も例外ではなく、教義の制限を指示され、止むを得ず、革新委員会を置いて時局に対処されたが、私はその書記を命じられ、この間の管長様の御心痛、中山為信先生を始め委員の先生方の御苦心がひしひしと感ぜられ、特に弾圧が信仰の核心に迫って来た時の管長様の御心境を想う時、全く心も凍る想いであった。教祖五十年祭に真座が整い、お教え通りのかぐらづとめがつとめられた喜びも束の間のものとなってしまったが、その間管長様は正にひながた通り、耐え難きを耐え、黙々と戦中の道を歩まれた。

（『思い出』前掲書1074頁）

喜多秀義先生は、若い時からお側近くでお仕えになられた方である。

・深谷忠政先生の証言

深谷先生は本教が直面している危機を身をもって体験された。大東亜戦争（太平洋戦争）が始まる六年前のことである。

昭和十年に大勢の警官が教会本部に来て強制捜査を行った。脱税調査という名目であったが、実際はおふでさき、みかぐらうた、おさしづなどの原典を押収しようとしたのであろうと先生は直感された。

三人の本部員さんが着のみ着のままで奈良の刑務所へ連行された。深谷先生は着がえの下着をもって奈良の監獄へ行かれた。するとと入口にいた警官が有無を言わせず、先生を殴り倒した。差し入れどころではなかった。散らばった差し入れの衣類を拾い集めながら、先生はこう直感された。これは危ない、本部は潰される、と。

入獄者へ着替えを差し入れに行った使者を殴り倒すなど、今日では想像を絶する暴挙である。当時の検察＝国家権力がどれほど本教を潰そうとしていたか、それを狙っていたかは深谷先生のこの体験でも明らかである。

・東井三代次先生の著書より

昭和十三年に二代真柱様は文部省の招請を受けられた。東井三代次先生も時の時局委員長梶本宗太郎先生らと共に同行された。

連日当局との折衝が続いたが、そうしたある日、東井先生は当時の文部省宗教局の川村理事官から自宅で会いたいとの連絡を受けた。東井先生は、尾行されることを警戒し車でなく、電車でお宅へ行かれた。

川村理事官は東井先生に対し、次のような話をされた。

「東井さん、実はかねて察知しておられるように、天理教に対する諸般の情勢は昨今にわかに緊迫してきた。もうこれ以上、猶予《ゆうよ》逡巡《しゅんじゅん》は許されないように感じられるので、文部省としてはたいへん憂慮している。こうした情勢の中、いま文部省が何を貴教に求めているのか。阿原宗教局長が真柱に今日も懇談を重ねている問題の核心は那辺《なへん》にあるのか。この点について、私から貴君に赤裸々にお話ししよう。不慮の災禍が起こってからでは遅い。一刻でも早い方がよい。急いで貴教の姿勢を一つの方向に正すことが喫緊《きっきん》の問題です。（中略）諸情勢はこれ以上、日を延ばすことができないまでに迫ってきている。東井さん、わかるか」

（『あの日あの時、おぢばと私』上巻　養徳社　平成九年　143～144頁）

さらに続けて、次のように話された。

「現下の時局は『大本教』が、そして『ひとのみち教団』が弾圧された当時とは、すでに比較にならぬほど進展し深刻化しているのは貴君のご明察の通りです。もう一刻の狐疑逡巡《こぎしゅんじゅん》も許されません。正直に申しましょう。実は文部省の背後には軍部と内務省警保局と検事局とが控えているのです。特に昨今は神がかり的な〝青年将校〟とよばれるいわゆる〝問答無用〟の軍部ファシズムの一団が、貴教に対していつ異常な態度に出るやも測り知れぬという、誠に不気味な情報がしきりに流されています。いずれにしても国家総動員法のような強権法は、軍部独裁の確立を狙ったものですが、今申したこれら背後の三者が、国権をもって国体明徴・国民精神総動員法の名において、何をしでかすかもわからないというのが文部省のただ今の情勢判断なのです。この判断は誤りでないと思います。今般貴教の管長さんの上京を促して、宗教局で連日ご懇談申し上げているのは、もはやこうした抜き差しならぬ緊迫した情勢のもと、文部省としても何とかして貴教を彼らの攻撃から救いたいという底意あってのこと。この真実を貴君に打ち明けたいと思って今晩きていただきました。きびしい時局認識については貴君も僕も同じだ、と確信します」

（『前掲書』146〜147頁）

本教が存亡の危機にあったことは、この東井先生の著書で十分わかる。

本教を解散させようとする勢力は政府当局や軍だけではなかった。檀家を取られたと怨み憎しんで、明治二十年代から三十年代に本教撲滅運動の中心となった仏教勢力も動いていた。

そのことを川村理事官も次のようにそっと耳にささやかれた。「東井さん、治安当局の姿勢もさることながら、他宗派などの羨望《せんぼう》的中傷も案外怖いものですよ」と。

（『前掲書』下巻52頁）

詳しくは東井三代次先生の『あの日あの時、おぢばと私』上、下巻（養徳社）を是非読んで頂きたい。

・奥村秀夫先生の証言

昭和十三年以後、終戦の日まで本教が存亡の危機にあったことは、東井三代次先生の著書で十分である。しかし、念のため、もうお一人のお話を紹介したい。それは後の天理語学専門学校の学監奥村秀夫先生の証言である。

奥村先生は当時天理女子専門学校の校名変更の許可をとるため、昭和十四年九月頃から幾度も文部省へ通われたが、さっぱり埒があかない。

ところがある日、当時の文部省関口専門学務局長に呼び出され、次のように告げられた。「奥村君、君が一生懸命になっておられて、はなはだ残念だが、君の方の申請は認可の可能性は全然ない。あきらめた方がよいと思う。現在天理教は、大本教やひとのみち教団と同じように、その解散が問題になっている。何時解散されるかわからない教団に、学校を許すわけにはいかんのだ」と言われた。

（『天理教教学史（前編）草稿』　昭和四十五年　423頁）

恩師姉崎正治先生のお陰

今東光貫主がおっしゃっている奇蹟がなぜ起ったかについてはたくさんの理由がある。その一つは、二代真柱様が東京帝国大学で恩師姉崎正治先生に学んだことがあげられる。そのことは昭和十二年七月に、当時の文部省教学局の企画課長兼思想課長であった石井勗氏が出した本を見ればよくわかる。

そこには次のように書いてある。

天理教の教義については、当時既に姉崎正治博士その他を煩わして、教団自らが自発的に従来の教義の整理改定を開始していたことを、承知していた自分は、その旨と、同教団将来の中心者、管長ともなるべき中山家の嗣子が、大学において、宗教学、哲学、史学等を専攻した知識人であるから、同教団の将来は、心配する必要がない旨とを、篤と説明して、事なき解決となった。

（『東大とともに五十年』原書房　昭和五十二年　65頁）

政府当局は本教を潰すために、文部省を通して、その理由づけと根拠を調査させていた。

この事を筆者が知ったのは一九八一年に、武蔵野女子大学の深川恒喜教授から、戦争中に作成された本教に関する極秘資料を頂いた時である。政府は、本教を解散させる時にそなえて、密かに文部省の役人に調査させていた。その極秘資料は、終戦の時に焼却せよと命じられていたにも拘らず深川先生はこっそりと持っておられ、それを天理図書館へ寄贈して下さった。

「極秘」と記された資料を見ると、「昭和十三年四月　天理教に関する一研究」に「〈泥海古記〉が不穏當ナル諸點並ニソノ根拠ト理由」、「天理教に関する件」という文書とともに、病諭しの事例をあげた文書があった。

深川先生は文部省の役人として本教を監視する側におられたが、何とか二代真柱様をお守りしたいと思って下さっていた。

先生は、小生に対しはっきりと、「二代様を尊敬している」とおっしゃった。

そして将来何かのお役に立ちたいと、焼却せよとの上司の命に反し密かに隠し持って下さっていたのである。もし二代真柱様がおられなかったら、大本教と同じ運命をたどったかも知れない。

深川先生も、二代真柱様が師事された、姉崎正治先生の教え子であった。幸いなことに文部省に姉崎先生の教え子がおられ、これらの方々が二代真柱を長とする本教を守ってやりたいと尽力して下さったのである。

二代真柱様が、日本に於ける宗教学の創始者である姉崎正治先生の教え子であったことが、解散をまぬがれた一つの大きな理由である。姉崎先生は海外でもよく知られていた碩学であられた。

信者の熱烈な信仰心が教団を守った

本教がこの未曾有の危機を克服できた大きなもう一つの理由は、教勢の大きさと、信者の熱烈な信仰心であった。身上や事情から自分のいんねんを自覚し、家族や親族の反対を押しきり、家や財産もお供えし、社会的地位や名誉や財産を全て捨て、生涯をお道に捧げようとした教信者が数百万人もいた。この巨大な宗教教団を潰し、路頭に迷わせたら、国内で予測不可能な社会的不安と動揺と混乱が起きることを恐れた。それが故、政府当局を躊躇させたのである。ちなみに政府当局は本教の信者を八百万と見ていた。彼らは解散させるより、利用しようと考えた。潰すより巨大な教団を戦争に協力させようとし、次々と無理難題な要求を押しつけてきた。

その一つが一日一万人の炭鉱奉仕の要請であったり、柳本に作った海軍航空基地で訓練する海軍予科練習生への信徒詰所の提供などであった。

その他に、銅で出来ている教祖殿の屋根瓦の供出要請であった。

二代真柱様を芯として全教会長、全教信徒はこれらの無理難題な政府や軍の要求に対し、耐えがたきを耐え、忍びがたきを忍び、親神様、教祖、真柱様へのご恩報じと悟り、死に物狂いでぢばから出されるご命に従ったのである。神様のために生命を捧げようと、ぢばから打ち出される声に必死に応えようとしたのである。それはまさに殉教者の姿であった。

奇蹟を生んだ理由の一つは、先に述べた信者達のおぢばに対する絶対的な信仰と二代真柱様に対する同じく絶対的な信頼である。全教の教信徒は親神様、教祖、そして真柱様のため生命を惜しまない強烈な信仰を持っていた。一手一つの強固な信仰信念が政府や軍の迫害、弾圧をはねのけたのである。全教信徒が真柱様に心を合せ、一致団結して、過酷な嵐が通り抜ける日まで、生命をすりへらし耐えに耐えてこの道を守り切って下さったのである。

黒龍会主幹内田良平の見解

内田良平が作った黒龍会は戦前、最大の右翼団体であった。(英文でBlack Dragon Societyという結社を作った）結社の趣旨は、西欧列強の収奪に喘ぐアジアの救援であった。インドや中国の革命運動を支援し、パリ講和会議（第一次世界大戦）で政府に尻を叩いて「人権差別撤廃法案」を提出させた。アメリカのウィルソン大統領がそれを潰した。

内田は大本教の教主出口王三郎氏と親交があった。彼はその著『時代思想の顕現せる天理教と大本教』（黒龍会発行　昭和十一年）の中で次のように書いている。


大本教は三十年前から皇道の大本教を布教し之に敬神尊皇愛人の精神を打ちこんでいる。その大本教を潰し、なぜ不敬（反皇室）であり共産主義的性格をもつ天理教を潰さないのか（中略）然らば之れを即時禁止すべきかといふに、其ノ罰すべきは罰し禁ずべきは禁ずべしとするも、其教団を根本より禁止解散することは考へものである。斯かる膨大なる教団に対し速かに之れを行ふことは、幾十万の生活不能者を生じ、其の方途に迷はしめるのみならず、之れを駆って自暴自棄に陥らしめ、其の結果の国家社会に及ぼす影響甚大なるものあるを以て、之れが対策には自然消滅に陥らしむるか、或は転向遷善せしむるかの二途に出でしむるの外なかるべし……　（同書　25頁）

内田良平は政府当局とよく似た見解を披歴しているのである。

つまり当時日本のどの宗教団体より熱烈で捨て身の信仰心をもつ、強大で巨大な集団の存在が政府当局を恐れさせ、軽々な破壊行動に出ることを慎重にさせ躊躇させた。

そして潰さない代りに十分に利用しようとし、次々と無理難題を押しつけてきた。

それは、戦局が悪化した昭和十九年から敗戦まで最も猛威をふるったのである。

〈閑　話〉

かつての本教の教勢について、保坂幸博氏は次のように述べている。

天理教は今でこそ数ある宗教教団の一つにすぎませんが、大正、昭和初期の関西においては、やがて全国をその信者に変えるであろうと思われるほどの勢いを示した宗教でした。

（『日本の自然崇拝、西洋のアニミズム』　新評論　二〇〇三年　58頁）

当時の日本で最も活動的な信仰団体は本教であった。

政府からの苛酷な要求――一万人ひのきしん

政府は本教に対し毎日一万人が炭鉱へ行くよう要求してきた。それはまさに無理難題な命令であった。普通常識的には考えられない数である。なぜなら若い元気な男子は根こそぎ徴兵されていた。教会に残っているのは年老いた会長かご婦人の会長と子供だけである。最終的には百万人を出せという。

当時の炭鉱では落盤や地下水の噴出、支え木の崩壊などの事故が多発していた。百人とか千人でも大変だが、一万人とは全く無茶苦茶な要請である。

しかし、当時の日本では本教以外にこのような要求を出せる相手は他になかった。熱烈な信仰心を持ち、ぢばの声＝真柱の声は神の声と信じて、生命を惜しまず親神様、教祖の御教えに従い、人だすけに献身する。信仰者が何百万人といる教団は、本教をおいて他になかった。

だから政府は、最終的に百万人の炭鉱ひのきしんを要求してきたのである。厚生省・軍需省では「勤労報国団」という名で炭鉱採掘することを命じてきた。しかし二代真柱様は、軍部に対して再三交渉し、「いざ・ひのきしん隊」の名で行うことにされた。当時は日本人の誰かが危険な労苦を背負わねばならなかった。それなら、我身を忘れて人をたすける神恩報謝の行為であるひのきしんとして引受けると決断された。

いざ・ひのきしん隊に対する真柱様のお言葉

いざ・ひのきしん隊に対するご講話の中で、真柱様はいつもひのきしんの教理を説かれ、次のようにご訓示されている。

ひのきしん隊員は、只石炭のみを求める労務者であってはならない。われ〳〵はひのきしんをすることにより、神様の御守護を頂き、石炭をお与え頂くのだと言うことを、はっきり悟らして頂かなければならないと思います（中略）ひのきしんに徹して、つとめ切らして頂くこと、これがいざ・ひのきしん隊の本領であります。

（『管長様御訓話集』第四巻　昭和十九年度　135～136頁）

真柱様の義兄であり補佐をされていた中山為信先生も、

ひのきしんとは単なる労力のみの勤めを意味するものではありません。また数のみの問題でもありません。その内容はあくまでも信仰に立脚する精神に存するのであります。信仰によって勇み立った精神的内容を実行の態度の上に如実に具現するのが即ちひのきしんの本領であります。

（『みちのとも』昭和十九年一月号　6頁）

と話されている。

こうした二代真柱様やご分家中山為信先生のご訓示に従い、

作業開始の前後は宿舎でお勤めを奉行することになっており、あくまでも天理教部隊として信仰的の動作に終始することになるのである。また休日には、月次祭をも執行することになっており、その信行一体の行動が、それぞれ山全体に流す成果こそ大いに期待されるところであった。

（上村福太郎『潮の如く――天理教教会略史――』下　天理教道友社　昭和五十一年　243頁）

いざ・ひのきしん隊員として参加した三枝栄家氏は、次のように話している。

全国の教会長、教師はもとより、か弱い婦人さへも礦山奉仕を志願し、女子隊の出動もしばしば見られた。五十・六十の老齢者が、年齢を書きかえて参加する熱意を示した。

（『百萬人ひのきしん』　天理時報社　昭和十九年五月二十日　48頁）

『天理教東京教区史第三巻』にも、いざ・ひのきしん隊員として炭鉱へ行った人達の記録が述べられている。

七十七歳という高齢ながら参加した人（271頁）や、結核の重症ながら国家存亡の時であるからと病をおして加わった人もあった（268頁）。

炭鉱内で働くことも言うまでもないが、食べ物に不自由しカボチャばかり食べて顔色が黄色くなった（255頁）人や、一人息子が出直しても家へ帰らなかった人もいる（250頁）。

鉱内の状態も劣悪であったが、いざ・ひのきしん隊員が寝泊りする宿舎も劣悪であった。そこにはノミやシラミ、それに南京虫がいっぱいいた。

再び食事の話になるが、ある鉱山では、大豆飯の大豆が半煮えであったため下痢を起して倒れる者が続出したとか。

炭鉱現場を慰問して廻られた

二代真柱様は、北は北海道から南は九州まで炭鉱ひのきしん隊を慰問して廻られた。

それは「いわゆる地獄で仏ならぬ親に会うたような気持であった」（『思い出』前掲書272頁）と小原萬斉氏は言っている。

二代真柱様の炭鉱慰問を、先の三枝栄家氏は次のようにも書いている。

管長様ご自身もひのきしん服に身を固めて、隊員と共に圓匙（シャベル）をとられ、鶴嘴（つるはし）を振るはれました。（中略）炭鉱視察に行かれますと、地下数千尺もある坑道に下りたゝれ、暗黒の坑内を帽燈の光をたよりに、切羽にまでゆかれて隊員を、坑兵を激励下さるといふ有様です。切羽と申しますと、現に石炭を掘り進んでゐる坑道の最前線、危険なマイト仕掛と削岩機唸るところであります。本当にありがたい親心でございます。

（『百萬人ひのきしん』前掲書 13～14頁）

二代真柱様はつねに信者と共に生きて下さった。苛酷な戦争中の苦しみをつねに一緒に苦しんで下さったのである。

いざ・ひのきしん隊は、第一次、第二次と多くの負傷者、殉職者を出して、終戦と共にその任務を終えた。そして昭和二十年十月二十五日、教祖殿御用場で解隊式が行われた。いざ・ひのきしん隊で出直した方は、お道に殉じた人たちである。昭和二十年一月二十七日、いざ・ひのきしん隊の殉職者五十八名の慰霊祭が行われた。

戦後、ある人が三年振りに会う真柱様の頭髪の後退が目立っているのを見て、「随分禿げましたね」と申し上げたところ、「炭鉱奉仕でなあ」と頭をなでながら仰せになったとか。

（『思い出』前掲書 661頁参照）

飛行機を献納する代りに中国で医療活動を行う

昭和十七年十一月二十六日に昭和天皇が全国の宗教団体の統理者を宮中に集め、宗教家としての決意を促された。その時大方の宗教団体の代表は、飛行機の献納を申し出た。しかし、二代真柱様は、宗教団体でないと出来ない御用で応えたいと中国大陸での医療活動を決意された。

ちなみに、一瀬孝治氏によると「天理教東京教区が戦争時、軍隊へ飛行機の献納を申し出た例がある。この相談を事前に受けた二代真柱様は、人を殺すような道具は献納すべきでないと忠告を促したのである」という。（「天理教苦難の歴史と海外の道」一九九五年三月稿―未発表― 24頁）

本教は中国の懐遠・蚌埠で現地の人に対して医療サービスをする方針を決めた。そして福島県会津若松で開業していた神尾知医師を中心とした医療隊によって医療施設のある南京や北京などでなく医療サービスが受けられない僻地へ行くことが実現した。こうして昭和十八年七月二十八日、医師、看護婦（師）一行26名が現地に向った。その時現地では十数年来の大洪水に見舞われたり、電力不足でローソクをつけたり、灯油であかりをつけたり、大変苦労をされた。そんな中一行は、「誠真実で教祖の親心を伝えるという信念をもって院長以下、看護婦、全職員が一手一つに医療活動に励んだ。昼夜を問わず、被災病人の救済にあたる真実の姿に、住民は最大の尊敬と好意を示し、当局も進んで協力を申し出た」のである。（澤田定興『大和医院への思い―天理教海外医療伝道のさきがけ』伝道参考シリーズ15　天理大学おやさと研究所　二〇〇六年　10頁）

大和医院懐遠本院での医療活動とは別に蚌埠に分院を作ったり、奥地医療班を編成し、三界鎮でも医療活動を行った。終戦（敗戦）が近づき医療隊を囲む状勢が悪化していったが、

神尾院長は、こうした中でこそ親神様の望まれる一れつきょうだい、互いにたすけあい、敵も味方もない親心で接することの重要性を説き、奥地、片田舎で病魔と戦禍に嘆く難民を救けさせて頂こうと、率先して施療班を組織し、先頭に立ってリュックに食糧と医療薬品を持ち、2、3名の看護婦を引率して出掛けられた。

（『大和医院への思い』前掲書　37頁）

昭和二十年八月十五日の敗戦後も、神尾院長の決断で再開すると、数日のうちに百人を超える患者が来院したという。しかし、八月二十八日に中国側から在留邦人の全員引揚の命令がきた。院長以下一同は、戦争の被害を受けて、生活と病苦に苛まれている中国の民衆を見捨てて日本へ引き揚げることは、貴い使命を頂いている身にとって断腸の思いなが

ら、止むをえず九月四日、遂に蚌埠《ほうふ》を後にされた。

日本へ引揚げるため上海に集結後も天理教上海医療班を開設し、医療活動をつづけておられたが、十一月下旬に連合軍総司令部より日本人全員の引揚げ命令が出されたので、名残を惜しむ現地人医師や看護師と涙の別れをされた。

神尾知先生が中国の大和病院で教え育てた中国人の医師たち一行は、昭和六十年五月に来日し、よろづ相談所病院に入院中の神尾先生を見舞っている。その時の一人の医師は、帰国後次のような手紙を山根理一さんに出している。

私たちの若い時、仕込まれた大和医院で神尾先生は、日本人も中国人も区別なく、金持ちも貧乏人でも分け隔てなく診ておられ、中日戦争の最中でも中国民衆の心に深く感銘を与えたことを、私たちはその後も守り続けて今日までできました。この後も天理教の教えのままにがんばって努力していきます。

（山根理一 玉江編『満州天理村残留孤児祖国への道』平成十七年 165頁）

日本基督教団の戦争協力

佐藤優氏は、日本キリスト教団の戦争協力について次のように書いている。

第二次世界大戦のときは、日本基督教団から、満州や南方への宣教師、従軍牧師を結構出しているんです。満州の熱河地方に伝道に行ったり、フィリピンにも宣教師を送っている。また、零戦を奉納するために献金も行っている。戦時体制にかなり協力していたんです。

（『サバイバル宗教論』文藝春秋社　二〇一四年　118頁）

仏教教団の戦争協力

仏教の各教団も、戦闘機を献上したり、従軍僧を出したりして、全面的に協力している。教団解散の恐れは全くないにも拘わらず。

当時は、どの宗教団体も何らかの戦争協力を強要されたのである。従ってどこの教団がどうこうと差別的に言うのは、当時の現実を全く知らない、戦後の無知で無理解な空論である。軍は本土決戦、一億玉砕を叫んでいた時代であった。

柳本海軍飛行場作り

戦争末期に、海軍は大和盆地の柳本地区に飛行場を作った。千数百年前から営々と耕してきた美田を潰し滑走路を作った。田畑を大切に手入れしてきた農民たちには、先祖伝来の土地を失うことはさぞ手足をもがれるほどつらかったであろう。しかし反対も抵抗も出来なかった。国自身が存亡の危機にさらされていた。

外地では玉砕が相次ぎ、本土への空襲もますます激しくなっていた。本土決戦とか一億玉砕を叫ぶ軍の命令にはさからうことは出来なかった。人々は泣く泣く美田に土砂が投げこまれていくのを、手をこまねいて見るしかなかった。

飛行場建設には天理中学生も動員された。朝鮮半島からも多くの労働者が連れてこられた。そして驚くほど早く飛行場は出来た。飛行場は出来たが、その時すでに飛ばす飛行機もなく、ガソリンなどの燃料もなく、ほとんど機能しないまま敗戦を迎えた。

信徒（者）詰所は兵舎として使われた

飛行場を作ると共に、海軍は飛行予科練習生を一万人天理に送りこんできた。信者がおぢば帰りの時に宿泊する詰所が彼等の兵舎となった。それが終戦までつづいた。

空襲に対する準備

昭和十九年末になると新しい危機が迫ってきた。B29戦略爆撃機が日本全国に無差別爆撃をはじめた。昭和十九年三月の東京大空襲では一晩に十万人が死んだ。大阪や神戸へ爆撃に行くB29の編隊がおぢばの上を西の方向に飛ぶようになった。

二代真柱様はじめ教信徒は、ぢばかんろだいが据えられ、親神様がお静まり下さる神殿やご存命の教祖がおいで下さる教祖殿や祖霊殿が空襲されないよう、必死でお願いされたことだろう。明治神宮の社殿は空襲によって焼失した。

B29の他に、日本の各地で艦載機グラマンによる無差別の機銃掃射が行われた。逃げまどう子供らを追いかけ廻し、生き残った人々の話では操縦するパイロットの顔がよく見えたという。

教会本部近くの柳本には日本海軍の飛行場があり、信徒詰所が海軍の兵舎となっている以上、いつ空襲されても仕方ない状況であった。

二代様は万一焼夷弾が神殿に落とされた場合の、かんろだいの位置をすぐ探し当てられるように測量したり、神殿や教祖殿の屋根に人を登らせ、万一焼夷弾が落ちた時の対策を講じておられる。

空襲の危機に対し、二代真柱様はどれほどお心を痛められたであろう。想像を絶するご心労ご心痛の日々を過ごされたであろう。

空襲が激しくなってまいりました時、「空襲警報発令で御座います。防空壕にお入り下さい」とお願いしてもお入りにならず、教祖のお前に端座なされておりました。

(『思い出』前掲書　田中善雄　739頁)

ご存命の教祖を置いて一人で逃げるわけにはいかない、という覚悟で通られたことが窺える。

〈閑　話〉

ちなみに天理図書館では屋上に一メートルの土嚢を積み上げた。しかし、それだけでは一トン爆弾を落とされたら一たまりもないので、国宝、重文などの貴重な文献を手押し車にのせて山奥の農家の土蔵に保管してもらった。

二代真柱様はじめ全教の教信徒の必死の願いが通じたのか、三殿は空襲を受けず、八月十五日の終戦を迎えた。

二代真柱様はこの日が来ることをどれだけお待ち下されていたであろう。幸いにも親神様、教祖のご守護と真柱様はじめ全教信徒の真剣なお願いのお陰で、おぢばへの爆弾投下はまぬがれた。

昭和二十年八月十五日、真柱様が待ちに待たれた日が遂にやってきた。二代様はその日に中山慶一先生に「慶一、復元をやれ」と命じられたが、これは有名な話である。

軍の要請を断乎として拒否し、教祖殿の銅瓦を守りきられた

戦争が始まると兵器を作るのに不可欠な金属の輸入がとまり、武器を作る金属が欠乏し

た。とりわけ弾丸を作るのに不可欠な銅の不足は深刻であった。そこで金属回収令を出し、お寺の鐘や銅製の手水鉢も供出させられた。

政府と軍は、教祖殿の膨大な銅の瓦に目をつけて要求してきた。神殿周辺の鉄の鎖など金属類は根こそぎ供出したが、教祖殿の銅の瓦は守り切った。「もし供出したら信者が何をするかしれませんよ」と言って拒否され、守り切られた。こうして教祖殿の銅の瓦は生命がけて守り切られたのである。

〈閑　話〉

戦争中、子供達はよく道ばたに落ちている電線の切れはしを探し廻った。それを持って行くとお菓子がもらえた。銅はそれほど不足していた。

柳本飛行場が戦後米軍基地にならなかったこと

戦後、占領軍は柳本飛行場を米軍の空軍基地にしようとした。それを天理図書館が防いだことについて、県立奈良図書館長だった仲川明氏は次のように書いている。

我が国が第二次世界大戦に敗れ、米国が侵入して来た時に、この図書館から西南に当る飛行場を拡張して米軍の飛行基地にしようとした時、我が国の文化の宝庫である天理図書館が、ここにあることを理由に当時の知事がその実施を阻んだので、米軍もこれを諒承して中止したということだが、これはあまり人に知られていない秘話である。これほど皆様に大切な文庫がわが奈良県にあることをわれわれは誇りとしたいのである。

（『天理図書館四十年史』附録　一九七五年）

天理図書館は単なる日本文化の宝庫であるばかりでない。隣国、中、韓だけでなく、広く欧米、中近東の貴重な文献資料を所蔵している。

これはあくまで私個人の推測であるが、柳本の旧海軍飛行場を米軍の航空基地にしないようＧＨＱへの交渉を知事に依頼されたのは、二代真柱様であると信じる。

なぜなら、当時の県知事が天理図書館の世界的な文化的価値について十分認識していたとは思えないからである。

当時、天理図書館が世界的に知られている貴重な文献資料を所蔵していることを知っている政治家がおられたとも思われない。二代真柱様の要請を受けて当時の知事が尽力して下さったと思う。

終戦の詔勅を聞かれた八月十五日

先に述べたが、終戦の詔勅を聞き、当時の空気を多少知る者としてあらためて繰り返したい。

中山慶一先生は愛知教区長をしておられた。昭和二十年八月十五日に何となくおぢばへ帰りたくなり、名古屋から電車で天理に戻られた。そして天理駅の改札口を出た時、天皇陛下が終戦の詔勅を下された。

早速、真柱様宅を訪ねられると、二代真柱様は中山先生に向かって「お前はもう名古屋へ行かなくてよい。これから復元教典の編纂にかかろうと思う。お前にも手伝わしてやるから、しばらくこのままで待機せよ」とのお言葉を頂かれた。

（『天理時報』昭和五十四年一月二十一日号）

当時の日本人は本土決戦とか、一億玉砕とかというスローガンを耳にたこが出来るくらい聞いていていた。それに突然の終戦の詔勅である。終戦の詔勅を聞いた日本人は全員茫然自失し、放心状態であったが、その日に二代真柱様だけは待ちに待った日が来たと、積年の念願であった「復元」を発令されたのである。

ちなみに終戦の詔勅を聞いて、八月十五日とその後、一カ月の間に、日本の将来をはかなんで自ら生命を断った軍人や民間人は二千人を越える。

〈閑　話〉

終戦を妨害しようとした近衛師団の一部が森師団長を斬殺し、終戦の詔勅が入った玉音録音盤を奪おうとした事件があった。

またある航空団は八月二十三日まで徹底抗戦を叫んでいた。

さらに大規模な終戦防止クーデター事件があった。水戸にいた陸軍兵三九一人が終戦を防止するため反乱を起こそうとした。しかし射殺一人、斬殺二名、自殺五名の痛ましい犠牲者を出したが反乱は未遂に終わった。

この他にも各地の軍隊で妨害が計画されていた。

二代真柱様のお涙

真柱様はいつでも、どこでもようぼくと一緒に、共にご苦労下された。暗い坑内で働くようぼくと一緒に汗を流して下さったことは先に述べた。

山口淑子元参議院議員（中国名、李香蘭）と三代真柱様が対談なさった時の新聞記事を紹介する。

山口「天理教の方たちも当時、旧満州だけではなくアジアの各地で布教なさっていました。苦労なさったのではないでしょうか。本部に対する政府のいろいろな圧力もあったとうかがっています」

中山「豪放だった父先代真柱が、晩年に回顧して涙するのを何度か見かけたことがあります」（毎日新聞　一九九三年（平成五年）八月二十二日号）

中山「父（先代正善真柱）が晩年、ことあるごとに涙していたというのは、戦争中に政府の勤労奉仕の要請に応えてではありますが、信者を鉱山や工場などへ送り出し、なかには命をなくした方々もありました。それが忘れられなかったようです。――中略――父は宴席でたまたま『炭坑節』などを聞かされると、たまらなくなるのでしょうね。帰ってくると涙を流していました」（毎日新聞　一九九三年（平成五年）九月五日号）

多くのようぼくが戦場で倒れ、国内では空襲で多くの教会が焼失している。海外に目を移せば満州天理村では多くの人が生命を失い、海外の教友は追放同様帰国させられ、現地の教信徒を残して帰らねばならなかった。これらの人々のことなどを思われ、いく度となくお涙を流して下さったことであろう。

戦争による海外の道のダメージ

日本国内では教会長も信者も徴兵され、たくさんのようぼくが戦死した。

多くの教会が空襲で焼失した。

二代真柱様が生涯、熱心に取り組まれた海外の道も致命的なダメージを受けた。戦争中アメリカ、ハワイ、カナダ、そして南米の教会長は、強制収容所に入れられた。多くの有能な人材を投入し、長期にわたり布教伝道に力を尽くされた、中国と朝鮮半島の日本人布教師は根こそぎ帰国させられ、信仰の火は消えた。

占領が終わり独立をかちとるや、二代真柱様は猛烈な勢いで復興すべく、海外巡教を再開された。

その必死のご努力のお陰で、海外の道の光は少しずつ輝きはじめた。だが、中国大陸、旧満州、蒙古、北朝鮮、サハリンの道は消えたままである。

占領下のご苦労

生命を削り、縮めるような苦しい日々は敗戦によって終わることはなかった。今度は連合軍の占領と支配が独立するまでの七年間続いた。

占領軍は近代史に例がないほど、また国際法上許されないほど徹底的に今までの日本のあらゆるものを解体しようとした。そして二度とアメリカと戦争が出来ないよう弱体化しようとした。

本教は戦争中も政府当局から迫害をうけていた。しかし政府や軍から協力を求められ、止むをえず、最小限のぎりぎりのところまで抵抗しつつも協力した。決して自ら進んで協力したのではない。協力しないと潰された。

それでも連合国軍、つまり占領軍は本教を軍に協力した教団としてどのような迫害や弾圧をかけてくるかわからない。それに対してどう対応したらよいか、二代真柱様はいく度も眠れぬ夜を過ごされたであろう。

喜多秀義先生は「しかしこの間にも占領軍による行政の変革が続き、信教の自由によって教義の復元は進められていったが、反面教団の民主化という名のもとに制度の面で陰湿な干渉を受けた」と述べている。

（『思い出』前掲書　1076頁）

二代真柱様はドイツ語が堪能であった。勿論、英語も中学校、高等学校、大学と学ばれたが、講読中心の教育であったため、その当時、会話は多少苦手であったと拝察する。

しかし占領軍と意思疎通をする必要があったので、一生懸命英会話を学ばれたとか。小生が海外伝道の面でお使い頂いた時は、海外の来客と流暢な英語で話されていた。ご努力されたのであろう。マールブルク大学の国際学会での英語による研究発表は実に好評であった。

ちなみに二代様は世界中の書店を訪ね、本を購入されているが、ブラジルのある店で、「私はこの店では、下手ながらもドイツ語や英語で話したのでしたが」とおっしゃっている。ご参考までに。

（『たねまき飛行』　要書房　昭和二十七年十二月二十日　186頁）

人の生命を大切にされた二代真柱様

親神様は、人間が陽気ぐらしをするのを見て共に楽しみたいと人間を創造して下さった。世界中の人間全てが可愛い我が子と思い慈しんで下さっている。その本教の中心的存在であられる真柱様ほど戦いを厭い、平和を願い、人の生命を大切にされた方はいない。真正の平和を願われた二代真柱様についてのエピソードをいくつか紹介する。

戦争は、人たすけを目的とする宗教の目的と真逆のことであり、一日も早く終わることを熱望されていた。

本教を担う若い将来性のある有能なようぼくが次々と徴兵され、戦場に送られていく。二代真柱様はどれほど淋しく悲しい思いをされたことであろう。

召集令状を受取った方に、二代真柱様が送られた言葉が伝えられている。

永尾廣海先生の証言

永尾廣海先生は、二代真柱様の思い出を次のように書かれている。

（昭和十三年、召集を受けた時、二代真柱様が）扇子に御染筆下さいましたのは、「慈而断」でありました。そして、「無駄な殺生をせぬように」とのお言葉を下され、（略）

応召の日、軍装を整えて、（略）真柱室に御挨拶に上がりましたところ、ポケット用のおふでさきに墨も鮮かに年月日と御名を御誌し下され、且、「広海殿」で、私の名前までお書き下された上で、

「これを肌身はなさずに持って行くように」と仰言いました。（略）終戦の近づく頃、私は対空監視と対空射撃の指揮官として、防戦の一線にも立ちましたが、陣地の部下の者が「射たせ」とせがみましたが、敵のグラマンが我が陣地を発見する事なく、盲銃撃してきた時にも、「命令するまでは絶対に射つな」と厳命し、遂に陣地は発見されず、一人の負傷者も出さずに終戦を迎えました。召集解除で懐しのおぢばにかえり、真柱様に私は「部下には一発の弾丸も射たさず、皆無事にご守護頂きました」と申し上げたところ、「一発も射たさなかった将校か」と仰言いましたので、「慈而断」のおかげですと心からお礼を申し上げた次第です。

（『思い出』前掲書 596頁）

瀧川政次郎教授の証言

国学院大学の名誉教授で法制史の権威、瀧川政次郎先生が、東京のあるロータリークラブで次のような話をされている。

広島へ原子爆弾を落すため飛び立つ飛行機（B29エノラ・ゲイ号）に対し、アメリ

カの宣教師たちは、この飛行機が無事広島の上空に達しますようにと、デウス（神）に祈ったという。それに対し戦争中、戦地に向う日本兵に対して、天理教の教主は、小声で銃を放つときには、この弾丸が急所を外れて敵人に中るようとの祈願をこめて引金を引けと教えたと聞いていますが、それが宗教家としての正しい姿でありますまいか。

（『諸君』昭和五十八年十月号　71～72頁）

配属将校の話に疑問を持たれる

戦争中は全国の中学校に配属将校が派遣されていて、軍事訓練を行っていた。これは二代様が出版された『よふきぐらし』という本の中に出てくる話である。

戦争中の一日でありました。ある高級将校が若い中学生にたいして戦争体験の話をしていました。その頃は一にも二にも総力戦で、闘魂を養うのが目的であったからでしょうが、彼は壇上で大見得を切って「右の頬を打たれたら左の頬を出せと教えた人を、お前たちは憧れているかもしれない。しかしそれは以ての外である。その思想こそ、外国の謀略と考えてもよい。お前たちは、もし右の頬を打たれたならば、左の頬を出すのではなく、相手の右左の頬を打ち返す魂を養わなければならない」と力み返っていました。

計らずも、その場にいた私は何とも言えぬ感にうたれました。これが戦争指導の精神と聞いて、何とも言えぬ淋しい感にうたれました。いならぶ諸君には何とひびいたかは存じませんが、いかにもあさはかな悪かしこい宣伝と思えてならなかったのです。これが真実に人の心にふれる言葉とは考えられなかったのです。こんな考えでないと勝てないと言われますならば、勝つことは良いことであるかいなかさえ考え直してみたいような気がしたのであります。

（『よふきぐらし』昭和二十三年一月二十六日　ダヴィッド社　96～97頁）

中山もと様の証言

二代真柱様の長女中山もと様が、『みちのだい』で昭和十三年の革新以後の本教への迫害と、終戦後の二代様のお身体の変化について次のように書いておられる。

昭和十二年に起った支那事変より、政府の圧力が激しくなり、道の様子を一時期姿を変えざるを得ませんでした。その為に革新委員会が設けられました（昭和十三年）。革新された内容の一部を誌しますと、先ず、折角刊行され全教会に下附された原典が、教会本部へ引き上げられ、本部預かりの処置が採られました。おつとめの勤修もかぐらづとめはお面を着けて真座で勤修することもできなくなり、十二下りてをどりも、三下り目、五下り目は差し止められ、『新修御神楽歌』が刊行されました（昭和十四年）。又、教規が改正されて一宇会が設立され（昭和十五年設立、同十六年四月発会）、婦人会、青年会、教師会が一宇会に合流し、未曾有のふしに教信徒が混乱に陥ることを防がれました（註　三会が合流して一宇会が出来たのでなく、一宇会が創られ、その趣旨に賛同して各会が合流したという点を間違えないで下さい）。昭和十六年十二月、太平洋戦争が始まると、やがて政府の懇請により、昭和十八年、ひのきしん百万人動員が始まり、教信徒は主に食料生産に励みました。戦争が次第に苛烈になると、政府は更に石炭増産の為に、一日一万人の派遣を要請しました。教会本部では昭和十九年、いざ・ひのきしん・隊を結成されました。全教挙げ一手一つになってその困難を切り抜けました。いざ・ひのきしん隊の隊長は二代真柱様が引き受けられました。革新以来二代真柱様は常に教団の先頭に立たれ、全教信徒と合力されて大ふしを乗り越えられたのです。為に二代真柱様は頭髪がすっかり抜けて了われたのです。（○印筆者）

（『みちのだい』182号　立教一七八年十月　天理教婦人会　13頁）

大阪高等学校同級生の証言

戦いは終ったが二代真柱様は心身をすりへらされ、すっかりおやつれになったと旧制大阪高校の学友、佐々木三九一氏は次のように書いておられる。

それから終戦後間もなく、何かの会合でお目にかかった時、あの黒々としていた頭の毛はどこへ行ったのやら、あの大きかった身体はスンナリと細くなられたのを見て戦争の期間、種々様々と苦労されたのかと拝察されました。

（『大高ラガー　中山正善君追悼号』　昭和四十二年十二月　大高ラガークラブ　81頁）

お若い時の二代様の頭髪は黒々、ふさふさしていた。上田嘉成先生に向かって二代様はこうおっしゃったとか。「わしの毛はなあ、若い頃は、夜寝る時は、手拭でくくって寝たのやぞ。そうせんと、ポマードをつけても、なかなか毛がねよらなんだ」と。

（『思い出』　前掲書499頁）

それほど黒々とした太い毛髪をお持ちだった。それが革新以後のご苦労ですっかり薄くなってしまわれた。

終戦（敗戦）は本教にとって救いとなった

戦争によって多くの教友が戦死し、多くの教会が空襲で焼失した。二代真柱様が学生時代から布教伝道に尽力された海外の本教の道は近隣諸国をはじめ、そのほとんどが姿を消した。

しかしその一方、終戦（敗戦）は本教にとって大きな幸いをもたらした。思想、信条の自由、信教の自由が保障され、教団への政府当局の介入や統制はなくなった。そして、二代真柱様は、初代真柱の宿願であった、教祖の御教え通りの信仰が出来るようにして下さった。復元である。

かくして政府当局が強要した教えでなく、教祖の御教え通りのおつとめを勤行でき、教理書を公布することができた。

大きな犠牲を払ったが、しかし、初代真柱様からの念願であった、原典に基づく教えを信仰出来るようになった。

〈閑　話〉

天理図書館以外では、二代真柱様の大戦中のご苦労を偲ぶ資料は入手出来ない。二代真柱様ご自身は、革新以後、戦時中、占領下時代のご苦労については全く話されていないし、書き残されていない。従ってそれを知るためには、共にご苦労下された先生方の証言に頼るしかない。

その一つは本部員、表統領、山名大教会長諸井慶五郎先生の『茶の間の夜話―八十年の足跡』（養徳社　昭和四十六年五月）と本部員東井三代次先生の『あの日あの時おぢばと私』

上下巻（養徳社　平成九年、平成十二年）のみである。

もう一つは、二代真柱様について書かれた『思い出』であるが、これは直属教会などに配布されたもので一般の人々は手に入らない。

新しいものでは、海外布教という視点から二代真柱様のご足跡を調査研究された森井敏晴博士の『天理教の海外伝道―世界だすけ―その伝道と展開』（善本社　平成二十年）の第三部二章の「戦時体制下の天理教」がある。

一瀬孝治氏が一九九五年に一考察として「天理教の苦難の歴史と海外の道」という小論を書いた。大変立派な内容であるが、公表されなかった。教内の雑誌に掲載してほしかったと痛感する。

二代真柱様のお言葉

終戦後、二代真柱様は、本教が革新後七年間にわたっておつとめが教え通り勤められなかったのは、私の不徳の致すところであると話されている。

「七年に亘る長い間、私の不徳の結果、十分なお勤めをさせて頂く事も得ず、皆様方の気持ちの上におきましても陽気に晴れやかに導くことができなかったかもしれぬという点を洵に慚愧に耐えず心苦しく思っていた次第であります…」

（第十二回教義講習会開講式に於ける御訓話　昭和二十年十月二十九日）

悪かったのは本教を解散しようとした戦時体制下の国家権力であった。にも拘わらず、二代真柱様は全てを我が不徳の致すところと懺悔されている。

今東光氏が二代真柱様のことを「日本中の宗教団体の主長すなわち管長級から主宰者を包含して、既成仏教宗団から新興宗教を通じて最大の人物は中山正善氏だと断言して来たのだ。その人格において、その学問において、その教養において、その肉体的条件において、その信仰において、彼の右に出る者は誰であるか。無いではないか」（『みちのとも』二代真柱追悼号　前掲書　199頁）と申された。二代真柱様のお言葉を拝すると、今東光師の賛辞も納得できるのである。

将来起こるかも知れない危機に備えよ

初代真柱様も二代真柱様も血の涙を流し、教えを守り抜いて下さった。

このような危機が、これからも来ないということは言い切れない。またいつかくるかもしれない。その時にこそ、初代様、二代様のご苦労を我が事と考えて、それに備えておかなければならない。

他宗を全て邪教だとし撲滅せよと号令した教団もあれば、他宗を悪魔としてテロで攻撃する宗教もある。もし彼らが政権を取ったらどうなるか。また第三のユダヤ教と言われるマルキシズムが政権をとったら、どういう運命が待ちうけているか。決して油断は出来ない。災難は忘れた頃にやってくるからである。

第四部　天理図書館を通して知る二代真柱様

文化財の保存と保護に尽力される

二代真柱様は、奈良県の文化財保護にも大きく貢献された。

近鉄が平城宮跡に列車の転換場を作ろうとした時に反対され、立派な遺跡として保存されるようになった。

法隆寺金堂（国宝）の壁画が焼けるという事件があった。それを契機として文化財保護の気運が高まった。二代様はその先頭に立ってご活躍下さった。

その他、奈良県内の文化財の保存に尽力された。

詳しいことは、どなたかの調査、研究に期待したい。

東井三代次先生のご見解

東井三代次先生は、二代真柱様と天理図書館について次のように述べられておられる。

二代真柱様には天理図書館を世界一の図書館にするんだというお考えがあったように思います。図書選定の基準は自ら考えられました。そしてお金も出されました。しかしお金は信仰の上から集まったものだからと、使うことには厳しく、且つ慎重でした。英知を働かせ、気を使われました。だから世界一の英知を持った図書館になったんだと私は思っています。

（『ビブリア』108　二代真柱中山正善様三十年祭記念特集号
天理図書館　平成九年十一月　2頁）

東井先生は続けてこうも言っておられる。

二代真柱様の図書蒐集活動は一種の哲学です。（中略）二代真柱様は世界的な視野で文化財を残すことに意欲を持たれ、そのために天理教が貢献しているんだと考えられていたようです。本に対する関心の深さは常人の考え及ばないものがありました。

（『ビブリア』108　前掲書　3頁）

天理図書館員に対するお言葉

天理図書館が編集した『本と天理図書館』（昭和六十二年刊）に、二代真柱様の天理図書館に対する思いが記されている。以下に紹介する。

・「竣工に際して図書館員に望む」

……此の図書館は天理教の精神を中外に普及せしむる活動が第一なのであります。

そうして館内には、常に明るい陽気を充満させ、館外に向っては天理教精神を以て文化指導に当ることに関心して努力していたゞきたいのであります。（中略）最後に重ねて申上げますが、此の図書館は天理教の図書館であります。皆さんが常に天理教の精神を以て、明るい陽気なこゝろで働かうといふ信念の下に、勤めていたゞくやう希望いたします。（190頁）

・「天理図書館の使命」

……外国語学校の附属図書館としての一使命を有すると共に、引いては教内の学校乃至文庫に対する巡廻文庫の源泉たる天理教中央図書館としての使命を有するもので御座います。（中略）本図書館は学校図書館の使命以外に公開図書館としての使命をも兼ね合はせて居るのであります。又此の図書館の特色と致しまして、学校図書館乃至は公共図書館としての使命以外により以上に重大なる、少くとも私達天理教徒にとりまして、より以上に重大なる使命と考へますのは、此の天理教団の誤りなき史実を保存すると云ふ事でございます。（191～192頁）

・「天理図書館開館五周年に際して」

……更に本館を建設した本来の意図から申せば、公開図書館としての使命の外に、従来各学校が個々に有ってゐた図書室を茲に綜合して天理中央図書館たらしめると言ふ事と、本教文献の完全保存庫と言ふ二方面を加へねばならぬのであります。(204頁)

本教文献資料の保存という役割は、後に作られた天理教教義及史料集成部へ移った。しかし天理図書館は、天理教文献室を作り、本教に関する全ての文献を集めるよう努め、閲覧に供している。

・「時報創刊のころ」

……図書館の使命の一つである文化の昂揚に役立つとともに図書館と社会一般とをつなぎ、ひいてはお道と社会との橋渡しにもなるやうなものを発行してはといふことになった。いはばこれが今日の「時報」の発端とでもいはうか。(207頁)

そして、続けて文書伝道の三つの方向、機関を述べられている。

……第一には信仰の典拠を與へ文書伝道の源泉となるべき教義史料を集成するもの、その二はこの源泉から発して教内に向って流れ本部と教会教師を連絡し、お道信仰生活の糧となり、それを統一し益々伝道布教を旺盛に導くためのもの、第三は教線拡張の急先鋒となり、未知の社会に天理大神の御名を流し伝道活動を容易ならしめる荒田おこしの役割を演ずるものこれである、(中略)この同じ目標をもって外人のために生れたものが現在なほ図書館で発行をつゞけてゐる外字新聞Tenrikyoであり、「時報」が道友社に移管された後「時報」が果していた一面の役割を満し、それを一層強化したのが「日本文化」である。(207〜208頁)

ちなみに「外字新聞Tenrikyo」は月一回、英語、独語、仏語の外国語新聞として発行したもの。大変好評を博した。日本の宗教団体でこのようなことをした教団はない。

また『本と天理図書館』に収録されている「天理図書館開館二十周年記念式並びに朝鮮学会開会式に於けるお話」(昭和二十五年十月十八日)の中で、なぜ二代真柱様が図書に関心をもったか—それは勉学(京学)が出来なかった尊父初代真柱様が子供達にといろいろと書物を買い残してくれたこと、海外布教の人材育成のために学校を創立したが学生たちに勉強してもらうためカトリックの伝道関係の資料を集めたこと、恩師姉崎正治先生に貴重なアドバイス(書庫を建物の中央部に置くこと)を受け、初代館長深谷先生が図書館の建物について貴重な忠告をくれたことなどを記されている。(214〜217頁)

そして最後に、

今後に於いても、単なる文庫(ふみくら)としての図書館でなく、教育のセンターとして、文化的な人類の幸福を求める明るい要請の一つのグルントとなる事を念願し

……（218頁）

と結ばれている。

・「天理図書館開館二十四周年記念日に於けるお話」（昭和二十九年十月十八日）

……そのお礼の意味をかねて、ホノルルとロスアンゼルスと、それからブラジルの何処か、この三ヶ所に日本文化を紹介する一つの何と申しますか、研究所を設け度い、その手始めに、その研究所に書物を送ることに依って、言わば、天理図書館の海外班を拵えることに依って、お世話頂いたところのお礼にし度い。（220頁）

海外にも天理図書館の分館を考えられたのである。

この二代真柱様の思召に従い、アメリカ伝道庁（ロスアンゼルス）とハワイ伝道庁（ホノルル）とブラジル伝道庁（バウルー）に文庫（図書館）が作られた。二代真柱様は「一面に於て、外国語学校の図書館として、海外布教を意図したところの図書館」（301頁）と述べられ、天理図書館の重大な使命の一つが、海外布教伝道に役立つものであるべきだとお話し下さっている。事実、天理図書館は、海外の図書館とカタログの交換をして、海外でよく知られている。

なぜ、初版本や原稿類を集められたか

初版本や著者原稿類の蒐集について「本道楽」という小文の中で、その動機を述べておられる。

……それで原本と寸分違わないものを造ろうと思って写真版にしたのでしたが、それが大失敗だったのです。刷り上がった写本を読んでおりますと、或る頁で、お歌（筆者註、おふでさき）の順序は右から左へ原本と同じく並んでいるのですが、お歌の下にうってある番号が原本と違って逆に左から右へうってあるのです。写真版だから確実だと常識的に考えて、安心していたのは、とんでもない甘い考えでした。（中略）私が初版本や写本を案外集めておりますのはそのようなわけです。

（『本と天理図書館』前掲書 457頁）

同じことを二代真柱様は「私の読書遍歴」の中でも語られています。

……出来るだけ原語で、その言葉で読むことがいいんじゃないか、（中略）私はそんな意味からして、だんく\/\だんく\/\、オリジナルというものに対する関心が高くなって来たのです。だから原稿類においても、もっと価値を認めていいんじゃあないかというようなことも考えます。

（『本と天理図書館』前掲書 486〜487頁）

二代館長富永牧太先生の功績

天理図書館について知ろうとすれば、第一になすべきことは言うまでもなく、図書館の生みの親であり育ての親である二代真柱様の図書館についてのお言葉を拝聴することである。

次にすべきことは、二代真柱様の思召に従い、館長として生涯を図書館に尽くして下さった富永牧太先生のお話に耳を傾けねばならないことであろう。

富永先生は、二代真柱様お出直しの翌年に発行された『ビブリア38号―中山正善真柱を偲ぶ―』の中で「思い出の人々」という論文を執筆された。その中で図書館のために貢献して下さった方々のお名前と書店名を全て挙げて下さっている。その余りにも多いのに驚く。一流の学者、碩学、各界の権威、著名な古書籍商店主、友人など百名近い方々のご尊命が出てくる。天理図書館のためにこれだけ多くの方々が尽力して下さったのである。これも二代様のご人徳の大きさを示している。

富永先生は天理図書館を世界的な図書館にする上で二代真柱様を補佐され、よき女房役を果された立派な図書館長であった。また、日本の図書館の発展に尽くされ、その偉大な功績に対し国から勲章を受章されている。

天理図書館の評価

天理図書館はどのように評価されているか。

まず、元関西大学教授谷沢永一先生のご見解を紹介したい。

谷沢永一先生は日本における書誌学の第一人者であり、博覧強記な碩学である。先生が一番尊敬しておられるのが、元本館の司書研究員であり、古義堂文庫目録を編纂された国文学の泰斗中村幸彦先生（元九州大学教授）であった。

谷沢先生と対話の相手であった渡部昇一先生も、図書の蒐集と知識の深さにおいて世界的に有名な碩学であり、七十九歳の時、私費十五億円を費やして先生の個人図書館を建てられた。

両先生はよく天理図書館を訪ねてこられ、この図書館を創立した二代真柱様を高く評価されている。そして本教についても、谷沢先生は「日本の宗教団体で社会の文化に寄与したのは天理教だけですね」とか「ご承知のように二代目真柱の中山正善が、生涯を賭けて、煙滅しては困る貴重な古典籍を集め、二十世紀最大の蒐集家（コレクター）と言われるほどになりました」と書いておられる。

（『宗教とオカルトの時代を生きる知恵』　ＰＨＰ研究所二〇〇三年　140頁）

お二人はまた『広辞苑』において、天理図書館とそれを創った二代真柱様の扱いが不当であると、次のように述べておられる。長いが引用する。

『広辞苑』は、天理図書館を独立の一項目として立てるのがどうしても嫌なのである。まず、天理、という項目を立て、そのなかに、天理大学、を入れ、その補足として、蔵書百五十万冊の図書館が著名、それだけで終り。この一行を初めて見たとき、私は『広辞苑』の根本精神が、腹黒いイヤガラセであることをしっかりと悟った。

世に蔵書家は数知れずであろう。しかしその方々はパチンコの玉を蒐《あつ》めているのではない。本を蒐めるについては一冊ごと一点ごと、内容の秀れていること役に立つことを吟味する。ゆえに蔵書家を評して彼は何万冊持っているなどと、冊数を以て称するのは、世にこれほどの侮辱はない。むしろ、悪意さえ感じられる。

個人の蔵書家にして然りである。然るに『広辞苑』は、我が国で最も良質の最高水準を行く天理の貴重書を、なんと冊数だけで表現してみせたのである。縁日の古本屋とは違うのだ。我が国の如何なる古典籍図書館よりも抜きんでた文化の宝庫を、見下げ果てた嫌味たらしい姿勢で、軽くおろそかに気乗りせず、邪魔臭そうに扱うのが『広辞苑』の手口である。

（谷沢永一・渡部昇一共著『広辞苑の嘘』光文社　二〇〇一年十月　19〜20頁）

さらに続けて、

つぎに、【天理図書館】が、項目にない。貴重本蔵書質量日本一の圧倒的な図書館が載っていないのは許せない。けしからん。【天理大学】の項目で少しふれているが、これは明らかに独立した項目を立てるべきこと論をまたない。日本一の貴重書を集めた空前絶後の大文庫を黙殺するとは広辞苑らしい偏見、愚かさが高じてのバカげたふるまいである。

天理図書館は奈良県天理市。新旧館延べ面積三千二百四十三・五十四坪。昭和四十五年当時蔵書百六万。うち国宝六点、重要文化財六十一点（筆者註、現在八十六点）、すべてこれ二代目真柱（しんばしら）中山正善《しょうぜん》の蒐集である。天理図書館の一大特色は『天理図書館善本叢書』数十巻を精密な印刷で復刻したこと。平成九年版の『善本目録』には八十三点の鮮明なカラー写真を収めた（参考文献・反町茂雄『定本天理図書館の善本稀書』）。

岩波の『日本古典籍書誌学辞典』は中山正善を、昭和を代表する蒐集家、と紹介記述しているが、「世界一の」と加えて、広辞苑でも『中山正善』の項を立てるべきです。

（『広辞苑の嘘』前掲書 268～269頁）

と言って下さっている。

ここで、谷沢先生が取り上げられていないことを少しつけ加える。『天理図書館善本叢書』は、和漢洋と三種類ある。和漢書之部は合計八十巻、漢籍之部が十三巻作られた。さらに、質量とも日本一といわれる俳書の複製は俳書叢刊として七十五冊出版された。さらに、一九九四年から『綿屋文庫俳書集成』として、全三十六巻別巻二巻が八木書店から出版された。

なお現在、八木書店から、さらに進歩した複製技術を用いて新たに『新善本叢書』が出版中である。

谷沢永一先生は、『勇気凜々こんな人生』（講談社　二〇〇三年）の中で、二代真柱様についての古書籍商反町茂雄氏の言葉を次のように紹介している。

天理教布教家であり世界最高の蒐集家。（268頁）

中山真柱二代の蒐書は、質の高さに於いては、前田・安田・雲村の三者の、どれと比較しても、総体としては遜色なく、スケールでは最大、数量について見れば図抜けて膨大である。（275頁）

そもそも天理図書館が、世界の図書館界に響く名声は、日本の古典籍の優秀豊富な所蔵に拠る。けれども実は洋書と漢籍も、それぞれの本国には天理にも勝るの指を屈することができないのである。（275頁）

中山正善の蒐集は自分の目で「見て」「考えて」選ぶのである。（275頁）

中山正善は蒐集をビジネスとは心得ず、愛情を以て選択した。これが本当の蒐書家である。世間にはこの種の人が案外少いのではなかろうか。（276頁）

そして谷沢先生は、二代真柱様を「誰にも真似できない空前絶後のコレクター道」を歩まれたと評価されているのである。

このように、天理図書館の実体を熟知して下さっている先生が『広辞苑』の天理図書館の扱いの粗末さ、認識不足、勉強不足、無知に対し厳しく批判されるのは当然である。もし谷沢先生の全文をお読み頂ければ、『広辞苑』の天理図書館についての記述の貧しさ、認識不足がいかに大きいかが良くわかるであろう。

谷沢先生の著書以外にも、天理図書館から出版されている『本と天理図書館』（昭和六十二年十一月）を是非読んで頂きたい。例えば前に紹介したが、この本には二代真柱様が図書館を作られることになったわけと機縁、目的と理想、そして図書館の歩みなどが詳しく繰返し述べられている。

〈閑　話〉

『広辞苑』は、新村出編として出版されている。ところが戦後、新村先生亡き後も依然として新村出編として出版されている。もし新村出先生が本当の編集責任者であり続けられたなら、天理図書館について、谷沢先生が厳しく批判されたようなことは決してしなかったであろう。なぜなら、新村先生は姉崎正治先生と共に天理図書館の建立の際に、京都大学図書館長時代のご経験を二代様にアドバイスされるなど、天理図書館の実体を良く知っておられたからである。また先生は、おふでさきについての論文も書かれている。

新村先生は、日本で初めて公開図書館を開いた石上宅嗣卿顕彰碑（天理図書館前）の碑文を書いておられる。新村先生は本当の天理図書館を熟知されていた筈である。

二代真柱様の限りない本への深い愛情

二代真柱様の限りない本への深い愛情に心をうたれた多くの書店主が算盤を捨てて、損得を考えず、良書、善本を探し出しては持ってきて下さったことは先に述べた。

多くの学友や学界の権威が、良書を二代様に紹介して下さったことも先に述べた。

しかし何と言っても、天理図書館が世界的な図書館になった一番の原因は、二代様おん自ら「本屋廻りをしてちょいと掘り出して来る敏捷な慧眼」（古野清人先生談『本と天理図書館』512頁）の持主であったこと、また「いつも一番楽しみだったのは、外国の古本屋の探訪で」（『本と天理図書館』467頁）あり、「海外へ出かける機会には必ず著名な古書店や大学を廻るようになった」（『本と天理図書館』456頁）からである。

以下は本探しにご苦労して下さった一例。

〝アメリカ語の辞典〟が完成されたと耳にして、何とか入手したいと探し求めたが、著者も、書名も明確に記憶していなかったので、何処の本屋でも相手にしてくれない。ホノルルでも、ロスアンゼルスでも、〝そんな書物は発行されていない〟とすげない返事である。後になってわかったことだが、販売目録から削除されていた絶版物であったからであったが、そんな事は知らなかった。漸くにして、サンフランシスコで、加州大学の図書館で、親切な女館員が古いカタログから書名と編者、発行所を見つけてくれた。それがW.A.Craigie: A Dictionary of American Englishという四冊物で、シカゴ大学の刊行ではあるが、今は絶版だとのことであった。

幸にしてシカゴにも立寄る旅程であったので、早速、大学の出版部へ行った所、〝絶版だから手持ちはない。そんな書物は大学図書館へ行って利用すべきものである。個人が買うには高価すぎるよ〟と親切ではあるが、取りつく島もない。それでも、私も日本では大学を持っているので、個人的所有慾からでもなければ、此大学の図書館へ行って調べれば事足りるわけでもない。是非入手したいのだと押して言えば、〝兎に角、住所を書きナ。何日かは入札に出る日もあるから知らせてやろう〟と、実に雲を掴むような返事で、お話にならない。
こうなれば、ひっ込みのつかぬが道楽者の本性である。何とかしてこの旅行中に入手してやろうと悲願をたて、ニューヨークの本屋を片端から探して廻り、漸く、下街の或古書屋でたずねあてたが、今度は、その本屋さんは、他に売る約束をしてあるからとて、なかなかゆずってくれない。しかし、これを失敗すれば、何日又見つかるかわからないと思い、あまりほしくもない他の本を沢山買って、本屋の機嫌をとり、ねばりにねばり、とうとう多少価は嵩んだが入手した。（『本と天理図書館』360～361頁）
と書いておられる。天理図書館にある本の多くは、二代様が苦心惨憺《さんたん》して集めて下さったものである。

一代で世界的な図書館を作ることができたのは何故か

一代で世界的な図書館を作ることができたことについて、まず第一に挙げねばならないのは、二代真柱様が学問好きであったことである。真柱でなかったら、一流の学者になられたであろうと多くの方がおっしゃっている。

次に、二代様は無類の本好きであられた。これは初代真柱様の血統（ＤＮＡ）を引きつがれていたからである。真柱様のご尊父初代真柱様は京学を強く望まれたが、教祖からお前が行くなら私も一緒に行くと仰せられたのであきらめ、その代り本を集められた。

次に時代が幸いした。空襲で焼失することを恐れた蔵書家が、天理なら安全だろうと思い、天理図書館の蔵書にしてほしいと先方から頼んできた。

終戦後は、いわゆる竹の子生活（寺宝や家宝として大切なものを売って生活費にする）をせざるを得ないので貴重な書籍や文書が市場に流れ出た。それらが明治維新の時のように海外へ流出することを恐れ、二代真柱様は反町茂雄氏などの協力のもと天理図書館に収められた。また二代様のお人柄に魅了された書店主が、ソロバンを伏せて安く二代様の許へ善本を紹介して下さった。さらに、二代真柱様の東京帝国大学時代の恩師、先輩、学友、後輩など一流の碩学や権威が二代様の良きアドバイザーとなって善本を推薦して下さった。

教内からも、二代様の蒐集に役立ちたいと、海外の信者がおぢば帰りの時は各地で本を購入して持ち帰り寄贈したり、資金的な援助をする団体を作った。

また、二代様は海外巡教される時は必ず必要な本のリストや雑誌の欠本のリストを持って一軒一軒、有名な書店を訪ね、集められた。

二代様はまた、将来大学の教授や大学の学長になられるほどの優秀な人材を天理図書館の司書研究員として呼ばれた。

こうして二代真柱様の非凡な愛書魂の結晶として、多くの人から東洋一の図書館と言われる図書館を作り上げられたのである。

二代真柱様図書蒐集の旅

二代真柱様の図書蒐集の旅については、「世界古本屋巡礼―八十一日間の漁書紀行―」(『たねまき飛行』昭和二十七年　要書房)の本に詳しく書いてある。

また、「世界の古本屋」(『日本古書通信』昭和30年3月号に所収)という文の中で、「各地で本屋をまわるのが、僕の道楽の一つで、本屋は必ずといってもいいくらい行きました。僕の行ったところは、飛行機で通ったところを除いて、少しでも見物ということをやった国は二十二あるのです」と書いておられる。

当時、未だ世界では交通手段が貧弱で、飛行機にせよ、鉄道にせよ、車にせよ大変な時代であった。そんな中を危険と不便を何とも思わず、世界中の書店を訪ね歩き、良書を蒐集して下さったのである。

二代真柱様の著書にある書店巡りの記述を拝読すると、二代様は書店一軒一軒における店員の応対の態度や特徴などを克明に記録されている。しかも書物についての豊富な知識を持たれて集書されている。そして必ず価格の値引き交渉をされている。

また、ご出発前に学術雑誌の欠号を調べ、そのリストを持って本屋を廻られている。

二代真柱様は集書のプロ中のプロであった。

昭和天皇からお言葉を賜る

昭和天皇が昭和二十六年十一月十八日、天理図書館へ行幸された。その時、ナポレオンが作らせた『エジプト誌』の前で足を停められ動かれなかった。侍従長が時間のことを考えやきもきされていた。そして「よく集められましたね」というお言葉（玉音）を頂いている。

この『エジプト誌』は、縦横一メートルを越す大型本で21巻ある。天理図書館はそれを三セット所蔵している。初版二セット21冊と24冊、二版38冊である。

ナポレオンが成した偉大な業績として、ナポレオン法典とこの『エジプト誌』が挙げられる。彼はエジプトへ遠征（一七九八年）した時、百六十七人の学者や専門家や絵描きを連れて行き、エジプトに存在する全てを描写、記録させた。色鮮やかな鳥など実物そっくりに描かれ、その精密さに驚く。

長らく日本には存在しなかったが、日本オリエント学会の要望を受けて真柱様が入手された。天理図書館蔵の三セットはお互い少しずつ違う。全てについて洗いざらい徹底的に調べて真実を追究された二代真柱様の学風がこのことでも窺い知れる。

アフリカ関係本のコレクション

二代真柱様は昭和八年のアメリカ、シカゴ市で開かれた世界宗教大会に招かれ渡米された。そこで奴隷として連れてこられたアフリカアメリカンの気の毒な有様を見て、それからアフリカ関係の書物を集められた。それがその後のコンゴ布教へと連なっていく（『思い出』429〜430頁）。昭和三十五年（一九六〇年）に、アフリカ各地を訪問された。そしてコンゴに道をつけられた。

その後、おやさと研究所にアフリカ部（第三部）を作られ、アフリカ研究の拠点とされた。その時も、アフリカ関係の図書を集められた。東京外国語大学名誉教授で札幌大学の学長もされた山口昌男氏は、アフリカを研究する上で天理図書館の図書資料は大変貴重である、と言っておられる。

新三才文庫

二代真柱様の還暦のお祝いに、皆がロールスロイスの高級車をプレゼントしようとされた。しかし、二代真柱様はそのお金で本を買いたいと申され、古野清人先生に依頼して、年間五百万円の予算で、宗教学、社会人類学、民俗学などの洋書を東京天理教館の一室に集められた（その助手をしたのが、古野清人先生の弟子で後に国立民族学博物館長になった松園万亀雄氏である）。この時集められた本は、二代真柱様お出直しの後、新三才文庫として全て天理図書館へ収蔵された。

〈閑　話〉

古野先生の愛蔵書は、先生の愛弟子畑林清次表統領の口添えで天理図書館が受け入れることになり、館員と共に東京の先生宅まで引き取りに行った。読みかけで中途に赤鉛筆が挿んである洋書がたくさんあった。先生は小生にも、フランスのクセジュ文庫の翻訳するなら紹介してやるとお勧め下さった。二代真柱様のお陰でこのような大家、碩学に親しくご指導頂けたことを心から感謝している。

天理図書館の学術的価値

天理図書館を紹介した本はいくつも出版されている。その学術的価値については反町茂雄著『天理図書館の善本稀書―一古書肆の思い出』（八木書店）が一番優れている。しかし問題もある。氏は日中韓の古典籍には精通しているが、欧米の文献については余り触れられていない。その点が物足りない。

反町茂雄氏について紹介する。氏は二代真柱様とは終生親交があった。

東京帝国大学の法学部を卒業後、東京神田にある一誠堂という古書店に住み込みの丁稚奉公をする。当時は帝大出の丁稚として世間を驚かせた。そこで修行を積み、古典籍についての知識を修得し、遂には海外でも著名な日本最高の古典籍のエキスパートとなり、海外の図書館が所蔵している日中韓の古典籍の整理を依頼された。

天理図書館が誇る国宝、重文、重美クラスの書籍の多くは、氏が発見し、二代真柱様を通して入手したものである。

氏は、自分が評価した値段には絶対の自信を持っていた。二代真柱様が「まけよ」とおっしゃっても、氏は「いや、リーズナブルな値段です」と言って全く値引をしない。時には「まけよ」「いやリーズナブルな値段です」と押し問答を、半日間も続けられたことがあったとか。

こうして集められた学術的価値の高い天理図書館の貴重な書籍や資料を利用し、博士号を取った人は数知れないほどおられる。

小生が天理図書館在任中（二十五年間）、天理図書館を利用した大学や研究所はほぼ三百を超えていた。延べ数ではないことは先に述べた。

欧米の貴重書類は国宝、重要文化財に指定されない

天理図書館というと国宝六点、重要文化財八十六点といった日本、中国、韓半島の古典籍が有名である。しかし、正式に認定されていないが、それに相当するものがまだたくさんある。日中韓の貴重書以外にも欧米の古典籍の中にはそれぞれの国の国宝級のものがたくさんあることはあまり知られていない。見学者の中から、これはどこどこの国では国宝級だと教えてもらったことがたびたびあった。

特筆すべきコレクション

ドイツ語文献

二代真柱様は、大阪高等学校の時、ドイツ語の教授、シンチンゲル博士に学ばれ、生涯にわたって親交があった。そのためかドイツ語が堪能でありゲーテ、ファウストの森鷗外訳を短歌の形式に書き換えられたことは先に述べた。

天理図書館の初代館長深谷徳郎先生、主任高橋道男先生、二代館長富永牧太先生はいずれも京都帝国大学独文科出身の秀才である。そのせいか、かなりレベルの高いドイツ語文

献が揃っている。例えば、ゲーテの全集が十数セット揃っている。その中には今日入手困難なものが多い。

二代様は大阪高等学校の学生の頃、すでにゲーテの全集を集めておられた。そしてお住まいの食堂の書棚にゲーテ全集がずらりとおかれているのをご覧になったある大学のドイツ人教授は、「よく揃いましたね。これはドイツ本国でも持っている方は少ないですよ」と言っておられた（『思い出』402頁）。さらにトーマス・マンのコレクションもある。

フランス語の文献もかなり揃っている。ある大学の仏文学教授が来館され、書架にある本を丹念に見て「よく揃っていますね」とおっしゃった。元大阪大学の教授澤潟久敬先生や和田誠三郎先生の旧蔵書を収蔵することが出来た。この分野でも日本有数のコレクションであると思う。

国文関係書

国文関係の貴重書は有名である。京都帝国大学出身の碩学野間光辰先生、中村幸彦先生、木村三四吾先生たちが国文関係の立派なコレクションを作って下さった。

中山真柱家の屋号が「綿屋」であったことから真柱家に所蔵されていた連歌俳諧コレクションを「綿屋文庫」と呼び、昭和十三年に天理図書館に寄贈された。天理図書館の司書研究員であった東京帝国大学国文科出身の杉浦正一郎先生の努力により、俳諧関係の貴重書がさらに集められた。

この他にも多くの国文関係の文庫が天理図書館に集められた。例えば、勝峯普風文庫、堀井文庫、和露文庫、石田文庫、藤井紫影文庫、池上文庫、紫水文庫など。

さらに松尾芭蕉、与謝蕪村、井原西鶴関係の文献も大変充実している。連歌俳諧コレクションとして「綿屋文庫」は間違いなく日本一である。

こうした貴重な文庫が次々と天理図書館に入ったのは、やはり大戦の時期に安全な所に置いて欲しいという旧蔵者の思いに応えたこと、そしてそれを扱う極めて優れた館員がたくさんおられたからである。ご尊名を挙げると、先述の杉浦、中村、木村先生の他、中川清三先生、金井寅之助先生、田中克巳先生、大谷篤蔵先生、島居清先生など。これらの先生方が司書研究員として天理図書館のためご尽力下された。また書誌学の論文を数多く『ビブリア』に発表された。

古義堂文庫

第二次世界大戦（太平洋戦争、大東亜戦争）が始まる直前に、戦禍に会わないようにと、京都堀川にあった伊藤仁斎の文庫（古義堂文庫）が天理図書館に入ったことは先に述べた。

古書肆弘文荘主反町茂雄氏がこの文庫について、「一つの学問の家のものが、その家に長い間、二百年も継続されて保存されて、代々相当な学者が出て、次々に増強され、仁斎、東涯以下代々のものがそっくりそのまま保存されていた。ああいうものは、世界にもちょっと類がない」という意味のことをどこかに書いていた。

宗教関係図書

京都には仏教系の大学がいくつもあるので、天理図書館は仏教関係の本はあまり蒐集されなかったと聞いた。それでも基本的なものは十分揃っている。ある曹洞宗の坊さんが来られた時、自分が見たことのない禅宗の本がたくさんあると書名をメモして帰られた。神道やその他日本の宗教に関する本は一通り揃っている。

キリスト教関係図書

天理図書館が持っているキリスト教書の豊富さにはキリスト教の方々が驚いている。例えば、教皇グレゴリン大学の学長や上智大学の学長をされ、またバチカンの教育省次長であったピタウ大司教を案内したときである。師はこうおっしゃった。

「キリスト教を勉強するのにわざわざローマのバチカンまで行かなくてもよろしい。ここへ来ればよい」と。

師は二〇〇七年に再度来館されたが、その時も同じ事をおっしゃった。天理大学と教皇グレゴリアン大学とのシンポジウムを立案し、推進して下さったフス教授は「ここはまるでキリスト教の図書館ですね」とおっしゃった。

長崎から来られたあるカトリックの神父は『教父哲学全集』が全部揃っているのを見て、「どうかこれを火事で焼失しないで下さい」と言われた。日本では他にない貴重なキリスト教本が失われることを心配しての言葉である。

ある時、カトリックの尼僧が古い聖書を持参し訪ねて来られ、これは貴重な聖書かどうか評価してほしいとおっしゃった。多少古い聖書ではあるが、本巻にある古い聖書と比べれば間違いなく新しい。申し訳ないがそう言ってお帰り頂いた。ちなみに天理図書館が持っている聖書のコレクションは恐らく東洋一であろう。一三〇カ国語（部族語を含む）に翻訳された聖書がある。その中には十七世紀にボストンで出版されたインディアンの言語に訳された聖書があり、雄松堂の新田会長によるとアメリカでは国宝級とか。ハワイの現地人語の聖書もある。古いキリスト教の一派であるコプト教徒の言語で書かれた聖書をたくさん所蔵している。羊皮紙に書かれていて表紙は木の板である。それを革の鞄に入れて宣教したのであろう。革の鞄がぼろぼろになっている。

きりしたん版コレクションは世界一

きりしたん版とは日本に伝道に来た宣教師がヨーロッパから運び込んだ印刷機で日本で印刷した本のことである。しかし、徳川幕府の禁教令によって全てが廃棄された。ところが奇蹟的に廃棄を免れたものが次々と発見された。天理図書館にはそれが八点ある。大英図書館は六点、バチカン図書館は四点、それぞれ所蔵している。天理図書館の八点のうち四点は世界にただ一つの孤本である。

バチカンの他宗との対話省（評議会）長官が、これまでに三人天理図書館に来られた。初代長官のマレラ枢機卿、二代長官のジャンジャドウ大司教、三代長官のアジエンデ枢機卿である。長官を、きりしたん版を保管している書架に案内しご覧頂くと必ずどなたもその前で合掌される。そして「大切に保存して頂いて、有難うございます」とお礼を申される。

イエズス会関係資料

キリスト教関係のコレクションの中でも貴重なのはイエズス会関係の資料である。イエズス会は世界各地で教育活動を活発に行っている。その教育方針をまとめたのが『イエズス会学法則』（Ratioaque Institudo S'tadiorum Jesus）である。

アメリカのイエズス会系大学連合会長が来館された時のことである。博士は書架の中にこの本があるのを見て驚かれた。アメリカにはイエズス会系の大学が十八校あるが、この本はどこにもないという。

ユダヤ教関係書

元東京大学教授でユダヤ教が専門の石橋智信先生や大畠清教授の蔵書に加え、山本書店主山本七平氏のユダヤ教コレクションも天理図書館に入った。バビロニア、タルムードのヘブライ語の原書六巻と共にその独語訳、仏語訳、英語訳がある。もちろん日本語訳も。

イスラーム関係書

マレーシア国立図書館館長が来館し、天理図書館のイスラームの書棚にある本を見て驚いていた。アラブ首長国連邦の皇太子は、天理図書館が持っているアラビア語とペルシャ語のクルアーンを見て、それまでのやや横柄な態度が一変した。

イスラーム関係の書物は、二代真柱様が大正末頃にイスラームに感心を持たれて集められた。イスラームに関する書物については諸井慶徳先生が「イスラームにつきましては一応ヨーロッパ文献の目ぼしいものはほゞこゝ揃っていると思っています。まあ日本としてはかなりある方でしょう」（『本と天理図書館』508頁）と話しておられる。

また、古野清人先生も「こゝにはイスラム関係のものは相当多くのものが早くから集まっていたようでした」（『本と天理図書館』511頁）と述べておられる。

諸井慶徳先生の東京大学へ提出された博士論文「宗教神秘主義発生の研究」の第二編には「初期イスラームに於ける神秘主義の発生とその経緯」がある。その論文の程度の高さは海外でも評価されている。

元シカゴ大学神学部長、ジョセフ北川博士はその著書『Religion in Japanese history』（Columbia U.Press, 1966）の中で、諸井慶徳先生を神秘主義の研究とりわけイスラーム神秘主義の研究者として注目していると書いている。

地球儀、天球儀、古地図のコレクション

二代真柱様はかねて昵懇であったニューヨークのクラウス書店主が地球儀・天球儀のコレクションを持っていることを知り、譲って欲しいと幾度も懇願された。クラウス書店主は、その熱意にほだされて愛蔵のコレクションを手放されたと聞く。その中の一つに、一五三六年、ドイツ、ケルンの地図制作者フォペルが作った現存する世界で二番目に古いも

のがある。ドイツでは超国宝級である。

この地球儀は聖書外典の記述に基づいて作られ、海は陸地の七分の一しかない。そして日本がジパンガとして西インド諸島に描かれている。コロンブスはこの黄金の国ジパンガを目差して航海し、アメリカ大陸を発見した。

後日談。

二代真柱様がお出直し後のこと、クラウスの社長が夫人と共に旧愛蔵の地球儀・天球儀を見に天理図書館に来られた。そして案内された三代真柱様に「譲った時の十倍の値で買い戻したい」とおっしゃった。すると三代真柱様は「父が譲ってはいけないと言っています」とおっしゃり、皆が大笑いしたことがある。

天理図書館の古地図コレクションも有名である。古地図コレクションでは日本一であろう。中には朝日新聞のパリ支局長をしていた渡辺紳一郎氏がパリーで蒐集したものも入っている。

これも海外伝道という大きな目的に添って集められた。

中国全土の地方誌

中国全土の地方誌（省誌、県誌）コレクションも誇るべきものである。広大な国だから膨大な分量である。一度に出版されたものではないので根気よく集めるしかない。戦前、中国で布教していた本教の教信者が帰国する際に探し出し、寄贈して下さったものである。ちなみに、この中国の地方誌は天理図書館以外では京都大学の人文科学研究所にしかない。文化大革命によって中国本土のものは皆失われたことであろう。

その他の珍しい書物

レオナルド・ダ・ヴィンチが書いたデザイン（下書き）の複製本がある。厚さ10㎝ほどもある大型の本で、いまでは入手困難な本である。

メソ・アメリカ（Antiquitis of Mexico　マヤ、アスティカ、インカ帝国）の絵文字を世界中から集めてイギリスで出版された、分厚い大型本九巻がある。何でもドイツのドレスデンにあったものは第二次世界大戦中、爆撃によって焼失したとか。

メキシコの駐日大使が来館して驚いておられた。メキシコ国内にも僅か2セットしかないとか。

ナポレオンの『エジプト誌』は先にも述べたが、ナポレオンがエジプト遠征したとき、二〇〇人近い学者や画家を連れて行き、エジプトにある全てのもの、遺跡はもちろん動物、植物などを記録させた。色刷りの大型本で広げるとたたみ一畳ほどもある。日本では天理図書館にしかなかったが、雄松堂書店が小型の複製本を出した。

昭和天皇がご来館の折、『エジプト誌』の前で足を止められ動かれなかったことは既に述べた。

他にも珍しい、貴重なものがたくさんある。全てをあげる事が出来ないが名前だけでも書いてみる。

・チャールズ・ディケンズ関係書
・西夏文字文献
・満州、蒙古語文献
・ラフカディオ・ハーン（小泉八雲）コレクション（アイルランドの大使が天理図書館にあると聞いて来館された）
・フリーメーソンコレクション（仏語が多い。出版年はユダヤ暦でいずれも五千年代である。東京のフリーメーソン関係者が来館された）
・インキュナブラ
・東西交渉史関係書
・ドイツの文豪、哲学者の自筆書簡
・ヨーロッパ著名人の自筆本、自筆書簡などここに紹介した貴重書やコレクションは天理図書館が持っている蔵書の一部である。小生は天理図書館に二十五年間勤めたが、その全貌が把握出来ていない。恐らく誰も出来ないのではないだろうか。二十五年間、宝の山の中で真価を知らずに、うろうろと過ごしてきたように思う。

まだまだたくさんの未紹介のものがある。例えば少数言語で書かれたものは手が付けられない。その中に予想できない貴重な文献があるかも知れない。見学者を書庫に案内していると時々、「こんな貴重なものを一般本の所に置いてはいけません」と忠告された。貴重書庫に入れたいのは山々だが、入れるべきものが多すぎるのである。

例え、五十年勤めても天理図書館の貴重書の全体を完全に把握するのは困難だろう。その真の価値や内容まで簡単には分からない。二十五年間の勤務中、ことある毎に心がけていたことは、二代真柱様にお伺いすればどうご指示下さるだろうかということであった。果たして二代様のご期待に添える業務を果たし得たかどうか誠に心許ない。

あらためて強調しておきたいのは、国家の事業としてではなく、一代で世界有数の図書館を作られたのは二代真柱様お一人であるということである。人類史上初めての偉大な業績であると言えよう。

二代真柱様、マールブルグ大学図書館長へーニッシュ教授、ホフマン教授と共に。

〈閑　話〉

ドイツの名門マールブルク大学とは、二代真柱様がそこで開催された国際宗教学宗教史会議で研究発表されて以来、天理大学や天理図書館は親しい関係を保ってきた。その前にもマールブルク大学図書館長へーニッシュ博士と富永牧太館長との深い交流があった。

マールブルク大学の前学長シャール博士は小生在任中、三度天理図書館に来訪された。そして分厚い上下二冊のルター訳ドイツ語『聖書』を見て驚かれた。そして是非マールブルク大学で展示して欲しいと望まれたが、種々の事情から実現しなかった。シャール博士は古希のお祝いの席上、「中山正善二代真柱が創立した天理図書館は東洋一の図書館である」と話された。

マールブルク大学はドイツのヘッセン州立大学である。日本でいう国立大学に相当する名門校である。そこで一九七五年に天理教展覧会が開催された。国外では初めてのことである。

カトリックの最高学府教皇グレゴリアン大学と天理大学はシンポジウムを開催した。それぞれの大学にて二回の開催だった。実現出来たのは前述のピタウ大司教が天理図書館所蔵本の質の高さをよく知っておられたこと、また世界一のきりしたん版コレクションを持っており、その研究業績の立派さを高く評価されていたからである。

貴重書庫を見た人は皆感動する

天理図書館の貴重書庫は書庫の三階、四階、五階にあり、一番大切な書物や資料は湿気対策のため最上階に置いてある。

貴重書庫の最上階は天井も壁も床も総檜造りである。檜は湿気を防ぐからである。さらに桐箱に入れて保存しているものもある。

著名人を貴重書庫に案内すると、その立派さに驚かれる。天理図書館がどれほど図書文化財を大切に扱っているかに感動して下さる。つまり本教がどれだけ貴重な文化財を大切にしているかを目で確かめ、本教への評価を高めて下さるのである。

図書館において利用と保存は両立しない。しかし、二代真柱様は本も物であるからいつか滅びる。それがある間に見せることがその本を最も有意義にすることだと幾度もおっしゃっている（「座談会―綿屋文庫について」『ビブリア』3号）。

確かに書庫に人が入ると一緒にゴミやカビが入るかもしれない。しかし多くの来訪者は天井、壁、床の全てが総檜の書庫に入っただけで驚きの声を上げられる。そして、本教の文化に対する扱いを高く評価し賞賛して下さる。

貴重書の保存に熱心な館員さんは、小生がよく社会的地位の高い方々を貴重書庫へ案内することに批判的であった。本の保存を真剣に考える、その気持ちは有難いが高山布教も本教にとって大切な事と思い貴重書庫への案内は続けた。においがけの一つと思ったからである。

なぜ私が天理図書館に勤務するようになったか

ある日のことである。朝づとめからお下がりの二代真柱様に神殿の廻廊で呼ばれた。そして歩きながら「古野に師事せよ」とのお言葉を頂いた。古野清人先生は、二代真柱様とは東京帝国大学以来の親友中の親友といってよい方である。大変な愛書家で、良書を見つける抜群の才能をお持ちの方であった。先生は天理語学専門学校の校長もお勤め下され、九州大学や他の大学で教鞭を執られるようになった後も終生天理大学へ集中講義に来て下さった。

「師事せよ」というご命である。どうすればよいか大いに悩んだ。まさか上京し先生のお宅に住み込んで書生をする訳にもいかない。結局、先生が集中講義にお出での時に、出来るだけお会いし、お話を拝聴することにした。実に多くの貴重な耳学問をさせて頂いた。

私の専門は宗教哲学、比較宗教学であり、図書館学や書誌学は全く無知で素人である。それがなぜか三代真柱様の思召により、天理図書館の主任（後に副館長と名称が変わる）となり、さらに館長として計二十五年間もお世話になったのか。それは二代真柱様の思召を三代真柱様が引き継いで下さったからである。

館長時代私が心がけていたことは、もし二代様にお尋ねしたらどうおっしゃったか、ということを判断の基準としてやらして頂くことだった。

しかし、二代真柱様と三代真柱様のご期待に応えるようなことをしてきたかと思うと、内心忸怩たるものがあり慚愧に堪えない思いである。

二十五年間お世話になった天理図書館を作られた二代真柱様の偉大さを少しでも知って

貰いたいと、我が身を顧みず本書の筆を執った。小さな針の穴から覗いた程度のものであることをお許し頂きたい。

天理図書館やその他で二代真柱様と親交のあった国内外の著名人や学者、研究者については拙稿「二代真柱様の集書と学者や学界―思い出の中から」(『ビブリア』108号　平成九年十一月)をご覧頂きたい。

貴重書の疎開

戦争末期の頃、大阪方面へ爆撃に行くB29の編隊がおぢば上空を西の方向に飛んでいった。

神殿、教祖殿、祖霊殿への被爆はもちろん、天理図書館所蔵の貴重な本をどう空襲から守るか、二代真柱様はさぞご心配になったであろう。

天理図書館(当時は旧館のみ)は鉄筋コンクリート三階建てで、屋根はコンクリートをうった陸屋根であった。二代様はその上に一メートルの高さの土嚢を積むよう命じられた。しかし、一トン爆弾が落ちたらひとたまりもない。

そこで国宝、重文級の貴重書を押し車に乗せ、お墓地の北方にある岩屋の農家の蔵に疎開させて貰った。

もう一つの危機は、戦後学生運動が盛んな時、奈良の公安当局から大阪の過激派が天理図書館を襲うという情報が伝えられた。その時は一階の窓にコンクリートの防壁を張り、館員全員が図書館に寝泊まりして警戒した。しかし、これは誤報であった。

東京大学の丸山真男教授の研究室がゲバ学生たちに襲われて無茶苦茶にされていたこともあって、大変心配した。

これはあくまで小生の推測である。天理図書館は昭和三十八年に旧館の東に増築されて大変立派な図書館になった。その中央部分に貴重書庫を配置されたが新館屋根のコンクリートは一メートルくらいの厚さになっている。恐らく一トン爆弾にも耐えられるように分厚い屋根にされたのだろうと私は勝手に想像している。

三笠宮崇仁親王殿下と天理図書館

三笠宮崇仁親王殿下は二代真柱様のご要望に応えて、二年に一度天理大学の宗教学科生と教校本科生に対し、昭和三十五年から平成二年まで、古代オリエント史の集中講義をして下さった。

午前の講義が終わると天理図書館が準備した一室で研究なさるので、古代オリエント関係の本をお部屋の本棚に揃えた。

天理図書館は毎年秋季大祭の前後に、所蔵する貴重書を展示する。三笠宮殿下は、天理図書館貴重書を東京でも展示してはどうかとアドバイス下された。その思召に応えて天理図書館での展覧会を東京天理教館内天理ギャラリーで展示し、専門家の講演会を行うようになった。

なお、三笠宮殿下は古代オリエント史の世界的権威であり、フランスアカデミーの会員でもあられたことは先に述べた。

〈閑　話〉

天理図書館について必読すべき本はたくさんあるが、本書では次の二冊を推薦したい。

一、『天理図書館四十年史』（昭和五十年四月十八日　天理大学出版部）

一、中山正善『本と天理図書館』（昭和六十二年十一月十四日　天理大学出版部）

第五部　天理スポーツと二代真柱様

三笠宮崇仁親王殿下のお言葉

三笠宮崇仁親王殿下は、二代真柱様とスポーツについて次のように述べておられる。

前真柱がスポーツにきわめて熱心であったことは、いまさら述べるまでもない。みずからは柔道の選手であったし、日本の柔道界のみならず、オランダのヘーシンクのよきパトロンとして世界の柔道界にも多大の貢献をされた。東京オリンピックに柔道がいれられたそのかげには正善氏のなみなみならぬ努力があった。そのことを知っている人は多くないかもしれないので、とくにつけ加えておきたい。水泳、ラグビー、馬術、スキー、などのスポーツに関しても種々逸話があるが、ここでは省略しよう。

(『天理—心のまほろば—心の本』天理教よのもと会　一九七七年　34頁)

スポーツ界に残された巨大な足跡

二代真柱様は、御自らがスポーツマンであられた。お若い時から柔道、ラグビー、スキー、野球、ゴルフ、テニス、馬術、水泳、ホッケーなど多種多様のスポーツを楽しまれた。ご自身がスポーツを楽しまれるだけでなく、各種スポーツの振興のため各競技の理事となり進歩発展のために大いに貢献された。

その功績により二代真柱様六十歳の時、藍綬褒章を受けられた。

東井三代次先生は「真柱様は柔道の他にラグビー、庭球、野球、更に乗馬、後にはスキーなどでスポーツには殆ど万能と申し上げることが出来ましょう」と話されている。

（『思い出』前掲書905頁）

井上昭夫氏の見解

二代真柱様のご晩年七年間、通訳として私と同じく真柱様の謦咳に接してこられた元おやさと研究所長、井上昭夫氏の二代真柱様とスポーツに関する多くの論述は注目に値する。氏の博学多識と広い視野、深い洞察に満ちた見方は比類がないほど鋭い。

井上氏は本教の教義とスポーツとの本質的関連をこと細かに論考されると共に、二代真柱様が国内外のスポーツ発展のために尽くされた偉大な功績について詳しく紹介されている。井上氏はスポーツの歴史を古代ギリシャやエジプトの古代にまで遡り、スポーツの宗教性を明らかにし、現代のスポーツがその本来の倫理的精神性を失い、商業主義や国威発揚の道具となっているとして、オリンピックの堕落を厳しく批判されている。

その上で、天理スポーツを「陽気ぐらし」世界実現への一つの道として発展させた二代真柱様の偉業を讃えておられる。井上氏の個人的体験を随所に紹介され大変興味深く、示唆に富み、読者の心に大きな感動を与える論文である。その井上氏の論文をいくつか紹介する。

・二代真柱様お出直し四十年にあたって「二代真柱様と天理スポーツ」（道友社での講演録　二〇〇七年十月二十七日）

・二代真柱様と「スポーツ伝道」（『天理教学の未来―二十一世紀への胎動』中の第4節天理やまと文化会議　一九九八年）

・二代真柱様と「スポーツ伝道」（『天理教学研究』35　一九九七年）

〈二代真柱様が、スポーツの発展のためどれだけ偉大な貢献をなされたかについて論じる〉

・近代オリンピック批判―東洋の主張（『天理教学の未来―二十一世紀への胎動』天理やまと文化会議　一九九八年に所収）

〈オリンピックの真のあり方と天理スポーツの意義を論じる〉

・「グローカル」マインドと宇宙意識（グローカル新書1　二〇〇三年）

〈宗教とスポーツの諸問題を論じる〉

・中山みき「元の理」を読み解く―不朽の人間地球未来学原論（日本地域社会研究所　二〇〇七年）

「元の理」からスポーツ文化を考える

さらに井上氏は、二代様がスポーツの国際化に大きな功績を残されたこと、またクーベルタン男爵のオリンピック理想を実現するため果たされた大きな業績について解説し、ブランデージIOC会長が二代様を「オリンピック運動の誠に偉大な信奉者」と讃えていることをも紹介している。そして二代様が全教にスポーツを奨励された理由として、スポーツと本教教義との必然的、不可分で密接的かつ本質的な関連を明らかにし、「天理スポーツ教理学」の発展の必要性を本教の心身論、病とスポーツ、そして陽気ぐらしとの関連にまで踏み込んで論述している。

これらの二代真柱様とスポーツに関する井上氏の論考は、「元の理」にまで触れて実に内容が深く示唆に富んでいる。

柔道界への大きな貢献

二代真柱様は国内のスポーツ振興だけではない。世界のスポーツ振興のためにも大きく貢献された。例えば柔道ではヨーロッパやアメリカの選手を天理に招き練習の機会を与えられた。

第一回世界柔道選手権大会で優勝し、さらに東京オリンピックでも優勝したオランダのアントン・ヘーシンクは天理で実力をつけた。その他ネパールからはラム氏を天理大学体育学部に留学させられた。

柔道においての貢献は極めて大きく、お出直しの際、嘉納講道館長から九段の段位が授与されている。

一九六一年ギリシャのアテネでIOC総会が開催され、柔道がオリンピックの種目に入るかどうかを決める会議が行われた。二代真柱様は講道館長嘉納氏の強い要請を受け、アテネの総会へ出向かれ、かねて親交のあったIOC会長ブランデージ氏に働きかけるなど尽力され、その甲斐あって柔道は東京オリンピックの種目に採用された。小生はその折りの世話係として二代真柱様と共にアテネで二週間、真剣に努力される真柱様のお世話をさせて頂いたことは既に述べた。

二代様ご在世中、日本の柔道界は、東は講道館、西は天理と言われ多くの外国人選手が練習のため天理を訪れた。旧制天理中学や天理高校は幾度も全国大会で優勝している。

天理柔道出身者の多くが、全日本柔道選手権大会やオリンピックで優勝している。三度もオリンピックで金メダルをとった野村忠宏選手は有名である。また審判のミスジャッジでおしくも金メダルをとれず銀メダルに終わった篠原信一選手がいる。その他にも天理柔道関係者にオリンピック金メダリストが何人もいる。

記憶に新しいところでは、二〇一六年七月に開催されたリオデジャネイロオリンピックでは大野将平君が金メダル、同パラリンピックで正木健人選手が銅メダルをとった。二代真柱様が口癖のように言っておられた「美しい柔道をせよ、負けるときも美しく負けよ」をリオで見せてくれた。

小生は図らずもＩＯＣ総会と第三回国際柔道選手権大会（昭和三十六年フランス・パリ）の時、通訳として同行させてもらった。自分自身、柔道はほとんど素人だが、二代真柱様のお陰で有名な選手と仲良くさせてもらった。一応、天理柔道会の会員になっている。

『天理時報』立教一八〇年二月十九日号の「視点」欄には、イギリス、ラジオ放送局ＢＢＣの日本語部長トレバー・レゲット氏が、「柔道を通じて天理を知った外国人は数十万人に及ぶだろう」と述べていることを紹介している。二代真柱様の蒔かれたスポーツ伝道の種は旬を迎えて今大きく育ちつつある。

水泳競技への貢献

二代真柱様は、水泳にも力を入れられ、神殿の近くに大きなプールを作り、多くの選手を育てられた。

真柱様は奈良県の体育連盟会長でかつ水泳連盟の会長でもあった。さらに日本水泳連盟理事を務められた。

このような関係から、日本水泳連盟会長の田畑政治氏の強い要請を受けて東京天理プール（現東京スイミングセンター）を作られ、多くの選手を育てられた。ここで練習した北島康介選手はオリンピック二種目に二大会連続で金メダルをとった。

スキーでも、高松宮様をお迎えして北海道で教内スキー大会を開催された。第一回は小樽市内のT山で開催され、第二回は札幌市のM山で行われた。その後雪が少なくなり中止された。

その他の競技についても二代真柱様は何でも興味を持たれ、また多くの選手を育てられた。小学生の時は野球チームを作られ、またテニスもなされ立派な選手を養成されている。

昭和十二年、旧制天理中学校の土俵開きには、大横綱双葉山と大関羽黒山一行を招いた。二代様は、「やがて本教からも力士が生まれる事でしょう」とおっしゃったとか。

（小西利臣「二代真柱様年祭思い出の記」『思い出』129頁～130頁）

日本ではマイナーなスポーツであるホッケーも立派な競技場が作られ、昭和四十二年天理大学チームが初の全国制覇をとげた。以来、天理大学ホッケー部は男女とも日本の第一線で活躍を続けている。

なぜ二代真柱様はスポーツの振興に生涯を捧げて下さったのか

二代真柱様は御教えをスポーツを通して実践された。教祖は人間はこの世で健康で幸せに、病まず弱らず百十五歳まで生きる道をお教え下さった。この教祖が下された人生の目標を達成するためには、ご守護を下さっている身体を健康にする必要がある。神様がお示し下された人生の大目標を実現するために、二代真柱様はスポーツの普及と振興に生涯をかけられた。言わば、スポーツを宗教的実践行為として積極的に勧められたと言えよう。

全教的にも全教体育大会を開かれ、昭和三十年（一九五五）に天理大学に体育学部を設け、優れた選手や指導者を育てられた。卒業生の多くが日本各地の各種スポーツの指導者として活躍している。

こうして親神様からお借りしている体を健康にし、教祖が教えて下さった陽気ぐらしをするためにスポーツの発展と普及に生涯をかけて下さったのである。

スポーツを通しての海外布教

二代真柱様はスポーツを通して国内外に多くの知人、友人を作り、その広い人脈を通して高山布教をされた。国内では秩父宮様、高松宮様、三笠宮様と親しくされ、共に国内外の各種競技の指導者と親しく交友された。

多くの海外の選手が天理で技を磨いた。その一人がオランダのアントン・ヘーシンク氏で、彼の輝かしい選手時代のことは既に述べた通りである。彼は生涯二代真柱様に感謝していた。

フランスから柔道の練習に来ていたシュードル氏は柔道を介して入信し、フランス・ボルドーで天理教教会のお許しを頂いている。

天理にある各競技場を全国の学校が利用

天理にある各種競技場は、全国の学校のスポーツ系クラブの練習場としてよく使われている。

天理には多くの競技場、運動場があり、その上信者詰所が利用出来る。春、夏、冬の学校休み期間になると、遠方の学校もスポーツの練習に天理の競技場や運動場を利用するため天理を訪れ、大変喜ばれている。

スポーツ界への測り知れない貢献

二代真柱様が、国内外のスポーツ振興の上に果たされた偉大な業績の全体を紹介することが困難である。それは余りにも広く多数で、とても把握することは至難の業である。

有難いことに、元天理大学体育学部教授、森井博之氏の『天理大学創設者中山正善天理教二代真柱様とスポーツ』（三恵社　二〇一〇年）は、天理スポーツ全体を知る上で優れている。実に正確かつ広範に二代真柱様のスポーツ界に対する偉大な貢献をこと細かに紹介している。

森井教授は自らスポーツマンであり、二代真柱様が生涯貫き通されたスポーツにおける天理スピリッツを正確に把握し論述している。氏はスポーツだけでなく二代様の各方面のご活躍にも視野を広げ、二代様のご活躍とご功績を紹介している。極めて貴重な参考文献である。

私自身はいわゆるスポーツマンではない。柔道界の方々とは通訳として親しくして頂いた。この拙論は前記井上昭夫氏や森井博之元教授の労作と、『天理スポーツ　躍動の足跡』（天理教道友社　一九九一年）などを参考にさせて頂いた。

追　記

健筆家二代真柱様

二代真柱様は膨大な著作を残された。その詳細な目録は、元天理図書館員であった上野利一郎氏が「二代真柱中山正善様著作目録稿」（『ビブリア』38、39、41号　昭和四十三年、四十四年）としてまとめている。（註　後「ひがしかい」が一冊にまとめて出版した）

上野氏はさらに「二代真柱様訓話集総索引」を『ビブリア』51、53号に、またひがしかい刊の「二代真柱様著作目録」に「みちのとも誌所載二代真柱中山正善様御訓話内容項目目録」を発表している。

海外ご巡教、ご視察の旅行記について、元天理大学教授笹田勝之氏が『ビブリア』108号（平成九年十一月）に「中山正善二代真柱様御著書解説」として紹介している。

また、天理図書館員で天理大学非常勤講師の早田一郎氏は、「二代真柱中山正善様と天理教文献の出版」（『ビブリア』108号）の中で、二代真柱様の著作が極めて多い事を指摘している。

最後に、三代真柱中山善衞様と私

三代真柱中山善衞様については、いずれ何かの形で伝記が作られることであろう。私自身としては、理も徳もない私ごとき者を外国語の別席取り次ぎ人にご指名下さったことを心から感謝している。また従来は本部在籍者が就任される天理図書館長に、小生ごとき大学関係者をご任命下さった事についても深く感謝している。

二代真柱様の偉業を受け継がれた三代真柱様のご苦労もさぞ大きかったであろう。また二代真柱様を超える偉業もなされている。その一つが宮池や旧宅、高弟のお邸跡を神殿の境内地とされたことであると思っている。

二代真柱様の思召を継承された事例として、例えば私が天理図書館長時代、「本が欲しかったら言ってきなさい」というお言葉を頂戴した。幾度か通常予算では買えない本をお願いに真柱室へ参上した。また、ご自身はなされなかったにも拘わらず、天理柔道の総裁になって下さった。この他にも二代真柱様が残された事業を引継ぎ発展させて下さった。

一つ忘れられない思い出がある。二代真柱様のご要請を受けられた丸川仁夫先生は日本大学を退職し、天理大学の教授となって下さった。一九九〇年五月に、三笠宮殿下ご臨席のもと行われた丸川先生の米寿のお祝いの席で、三代真柱様は幾度か涙を流された。恐らく丸川先生のお姿の中に二代真柱様の面影をみられて、涙されたと思う。

最後になったが、ドイツ・マールブルク大学で「天理教展覧会―人間の陽気ぐらしのために」(一九七五年五月～六月)が開催される一年前に事前打ち合わせのため、マールブルクへ立ち寄られた。その後コンゴ・ブラザビルのアルフォンソ・ノソンガ氏会長就任奉告祭にご巡教された時、私も随行員としてお供をさせて頂いたことを書き加えたい。

参　考

○国内外の学術文化への貢献（復元42号より）

文化財の保護

学界（理事）の振興への貢献

国際学術会議への出席

スポーツの振興（各種）

海外交流（海外有名人との面会、交流）

宗教学界　国際宗教学宗教史会議（258頁）

（古代オリエント学会）日本オリエント学会（220頁）

朝鮮学会　奈良県奨学会（307頁）

アフリカ学会

東方学会（221頁）

日本国際連合協会奈良県本部総会（338頁）

人類学　日本人類学会、民俗学会

社会学会　国際文化振興会理事（308頁）
民族学会　太平洋学術会議（331頁）
考古学会　日本文化研究会（268頁）
日本文学界　日本レクリエーション協会（291頁）
中国学界　国際ロータリー大会（304頁）
ドイツ学会（221頁）　国連理事会（329頁）
赤十字近畿ブロック会議（248頁）
一水会（旧制高等卒業生の会）（330頁）
国民体育大会（260頁）
近畿体育連盟会議（265頁）
水泳連盟（256頁）
出講　天理教校本科
天理大学宗教学科

○二代真柱様についての小生論文・対談・追悼文

・海外御巡教中の面影（『みちのとも』真柱中山正善追悼号　道友社　昭和四十三年268

頁～270頁）

・二代真柱様の思い出（『コンゴ河のほとりで』私家版　昭和五十四年に所収）

・思い出断片（『ビブリア』79号　昭和五十七年）

・二代真柱と天理大学（『天理大学広報』平成五年五月）

・二代真柱様と海外布教伝道（『天理教学研究』35号　平成九年十一月）

・二代真柱中山正善様三十年祭にあたって（『ビブリア』108号　平成九年十一月）

・二代真柱様の集書と学者や学会—思い出の中から—（『ビブリア』108号　平成九年十一月）

・（対談）二代真柱様と海外伝道（『ふるさと会報』44号　平成九年）

・二代真柱様と海外布教伝道（『あらきとうりよう』187号　立教一六〇年七月）

・教学に対する姿勢と態度（『あらきとうりよう』204号　立教一六四年七月）

・二代真柱様と海外伝道（『天理教海外部報』514～516号　立教一七〇年）

・二代真柱様の学術文化へのご貢献（『教理随想　其ノ二』に所収　立教一六七年四月）

・二代真柱様に学ぶ教学研究の姿勢と態度（同右）

・二代真柱様の教学の基礎作り及び学風について〈未発表〉

あとがき

二代真柱中山正善様の五十年祭に合わせて、立教百八十年十二月二十六日に、『感謝と思い出――中山正善二代真柱様と私』という私家本を出版した。

このたび、養徳社の英断により、旧著を元にして、天理図書館創立九十周年の旬に、拙著を再版していただくことになった。

私は二代真柱様のご晩年のわずか七年間、海外布教伝道の仕事で、ほんの少しお手伝いさせていただいたに過ぎない。従って当然のことながら、二代真柱様が成し遂げられた偉大なるご功績やご偉業の全貌は殆ど知らない。それ故に二代真柱様について語ったり、本を出す資格は全くない。

例えば、二代真柱様がどのように地味な学問的研究を重ねられ、教祖の御教えをどれだけ時が経ち時代が変わろうと、永遠不変の真理としての本教教義を確立してくださったか、その間、二代真柱様のご指導の下で多くの優秀な先人先学が、二代真柱様の思召に添う教学体系を構築してくださったかとか、また教勢拡大のため、二代真柱様は国内外の教会や伝道庁や布教所をくまなく巡教せられた実態についても私はあまり知らない。また二代真柱様はおぢばにどのような施設を創設され、それらをどのようにお心を尽くして運営、発展なされたかに就いても、私は残念ながら諸井慶徳先生と深谷忠政先生を通してしか知らない。

学問やスポーツを通じて、二代真柱様は、秩父宮殿下・同妃殿下、高松宮殿下・同妃殿下、三笠宮殿下・同妃殿下など皇族方と長い間ご交誼を続けられたが、断片的にしか知らない。

二代真柱様はまた、数え切れないくらい多くの分野の学術団体や社会福祉団体やスポーツ団体の理事として終生その重責を果たされた。

このような広範囲な二代真柱様のご活躍の全体について語る資格のある人は、今では無きに等しい。小生もその一人である。それなのに五十年祭の時におこがましくも、先述の本を出したのは、二代真柱様のことを全く知らない人が増えるばかりでなく、二代真柱様について誤ったことを公表する人がいた。例えば二代真柱様は「私は語学には不得意だ」とご謙遜されているのを、そのまま信じている人がいる。また二代真柱様のことを知りたくても、正式の伝記が未だ公表されず、教外者には知る手掛かりが全くない。時代を何百年と先取りし、全世界的視野で、驚嘆すべき偉業を成し遂げられた、何百年に一人という偉大な方について知る手掛かりが全くない。これは本教にとっては勿論、日本国内や世界全体にとって大きな損失であり、不幸なことである。従って不完全かつ不十分であっても、少しでも二代真柱様のことを知っていただきたく筆を執った次第である。

現存無比の歴史家と言われる磯田道史先生が、二代真柱様のことを知りたくて八方探したが全く資料が見つからず、困っておられることを知り、拙著を差し上げた。すると大変喜ばれ、「中山正善真柱様の伝記たすかります。御礼！」という礼状を受け取った。

天理図書館について一言。人類の歴史の中で、あれほど立派な図書館をたった一人で創った人は二代真柱様お一人で他にいない。

このたび、拙著の私的な部分を割愛して再版を企画してくださった冨松幹禎先生のご厚情と、天理図書館長東井光則先生のご厚意に、またいろいろとご苦労くださった養徳社編集部の長谷川薫氏、拙著の引用文をチェックくださった瀬戸嗣治氏には厚く御礼申し上げます。

立教百八十三年（令和二年）九月吉日

飯田照明

著者略歴

飯田照明（いいだ・てるあき）

昭和４年（１９２９年）奈良県桜井市生まれ

天理語学専門学校イギリス語部卒業

大阪大学文学部哲学科卒業

シカゴ大学留学　パリ（ソルボンヌ）大学留学

インディアナ大学元交換客員教授

天理大学名誉教授（比較教義学、比較宗教学、宗教哲学）

天理図書館元館長

別席取次人（英・仏）

櫻井大教会・鳥見山分教会所属　教人

近著『だめの教えって素晴らしい！

誰でもわかるキリスト教、仏教、イスラームとの違い』（養徳社刊）

『迫害・受難のいばらを越えて

―初代真柱様・二代真柱様ご苦労の道―』（養徳社刊）

世界たすけの偉大な足跡

―中山正善二代真柱の功績―

著　者	飯田照明
発行者	冨松幹禎
発行日	立教 183 年（令和２年）10 月 20 日初版第１刷発行
発行所	図書出版　養徳社
	〒 632 － 0016　奈良県天理市川原城町 388
	電話（0743 － 62 － 4503）振替 00990 － 3 － 17694
印刷・製本	（株）天理時報社
	〒 632 － 0083　奈良県天理市稲葉町 80

ISBN978－4－8426－0129－8　　定価はカバーに表示してあります。